이른 아침 새들의 무리를 보았다

이른 아침
새들의 무리를 보았다

소지연 에세이집

한국산문

책머리에

때로는 말없음표가 좋지만

여기, 사서 바쁜 할머니 한 명이 있습니다. 밥 짓다 말고 노트북 열어 보기, 몇 글자 두드리다 말고 손녀 보러 가기, 이 두 가지를 참을 수 없이 가볍게 치르는 사람입니다.

더러는 무겁게 가라앉을 때도 있어 웬일인가 합니다. 데카르트의 "나는 생각한다, 고로 존재한다"와는 무관하게, 하릴없이 의심하고 또 의심하는 사람입니다. 별나거나, 예민해서도 아닙니다. 자꾸만 하찮은 것들이 더 큰 존재를 알려와, 왜 그런지 들여다보지 않을 수 없어서입니다.

보통 할머니에 지나지 않음에도 번갈아 위 두 가지를 취하려니, 도전이라는 단어를 빌려와야 할 만큼 힘이 들 때가 있습니다. 그러나 그 어느 것도 도중에 그만둘 수는 없습니다. 두 번 다시 오지 못할 기회의 바다를 신중년처럼 바짝 기운을 내어 노 젓다 보면, 예기치 않은 진주조개 하나쯤 눈에 띌지 몰라서입니다. 그것이 노년의 바위에 나부끼는 흰 머리카락이라 해도 좋겠습니다.

처음부터 정착은 어려웠던 걸까요. 태어난 지 며칠 안 되어 시작한 타지로의 이주가 주부가 된 후 필리핀으로 이어가더니, 귀국 후 늘그막엔 서울 샌프란시스코 간 정기 왕래로 마감하려 듭니다. 바로 이 책의 많은 부분이 샌프란시스코에서 일어난 일들로 채워진 까닭입니다.

싱겁게 달아난 것이 젊은 시절의 방랑이었다면, 이 마지막 유랑만은 생생하게 그려도 좋을 만큼 느릿느릿 흘러갑니다. 인생 후반의 고단함과 덧없음의 의미를 알아내 달라 조르는 것 같습니다. 이 수필집은 바로 그런 노숙이 정착 아닌 정착으로 스며든 길 위의 집이기도 합니다.

스스로는 이전에 몰랐던 자화상 하나를 발견하고 놀라워하기도 합니다. 무미하고 딱딱한 줄만 알았는데, 속으로는 연민과 양보도 마다치 않는, 나긋나긋한 사람 말입니다. 이 늦깎이 감성이 도무지 비루하게 느껴지지 않는 건, 소멸하는 젊음보다 더 지키고 싶은 제 마지막 보루이기 때문입니다.

10년 전 가을, 아직도 이어지는 육순 후의 복잡다단한 일상을 간결하게 묘사하고 싶어 찾아든 곳이 수필이었습니다. 그런 첫 마음을 기억하며 갈매기처럼 사뿐히 비상하고 싶었는데, 어이없이 장황한 말잔치로 탈고한 듯하여 부끄럽기만 합니다. 다만 바라는 것은 이런 실추마저 비껴갈 넉넉한 자리가 있어, 대수롭지 않은 한두 개의 글이나마 의미의 날개를 달고 날아주는 것입니다. 간간이 간신히 쓰긴 했지만, 딴에는 피 한 방울 흘릴 듯 절박한 사연도 있어서겠지요.

먼저, 황혼에 저지른 무모한 도전과 간결함의 실추를 끝까지 지켜보며 힘을 주신 지도교수님께 깊은 감사의 말씀을 올립니다. 창작의 길에 도반이 되어준 문우님들과 한결같이 출간을 독려하신 몇몇 임께도 고마움을 전합니다. 무엇보다 필자의 수필집 첫 출판에 지혜로운 조언과 헌신적 수고를 아끼지 않은 한국산문 출판부에 더 없는 찬사를 보내고 싶습니다.

마지막 헌사는 한 번도 가보지 못한 길을 함께 걸어온 남편에게 부칩니다. 맥가이버 같은 능력자이자 겸손한 기타리스트, 그대 없이는 어떤 하드웨어도 소프트웨어도 불가능했으리란 말을.

2024년, 청룡의 해. 청룡띠 딸 집에서
소지연

목 차

004　책머리에

이제는 노래를 부를 시간

012　갈매기 출가하다
017　입동이 지났는데도
021　이제는 노래를 부를 시간
026　오월이 데려온 유월
030　나는 간간이, 아주 간신히 쓰는 사람이다
036　신중년이란다
041　영원한 연습
045　이른 아침 새들의 무리를 보았다

세븐틴

052　어른이 된 아이
057　서울 할머니의 노트북
063　세븐틴
068　멋진 친구
073　포인세티아와 세 손녀
078　물들기 수업

낯선 것과의 악수

- 084 그가 떠나던 날
- 090 한 박자 빠르거나 느리거나
- 094 셰퍼드와 미개인
- 099 그레이스 켈리 할머니의 놀이터
- 104 낯선 것과의 악수
- 108 그날은 두유 빛이었네
- 113 내 이름은 기내용 트렁크입니다
- 118 내가 본 크리스마스트리

그런대로 괜찮은 선택

- 124 와플 굽는 아침
- 129 커피차, 아메리카노를 보내다
- 135 그런대로 괜찮은 선택
- 140 오래가는 것들
- 144 상처, 그 프로젝트를 만나다
- 149 떠나며 하는 말이
- 154 불량 할머니의 바이러스 나기

그대 저만큼 있네

- 160 　장화와 산바라지
- 166 　때로는 '말없음표'가 좋다
- 171 　오늘 저녁은 어떠세요?
- 176 　당신은 자유롭습니까
- 181 　그 아이의 손짓 발짓
- 187 　그대 저만큼 있네
- 192 　친애하는 마카르 제부시킨 님께
- 198 　마흔여섯 살 딸의 모닝커피

진주조개를 찾아서

- 206 　로스코의 색면회화
- 212 　큰고모의 프로파일
- 218 　길 위의 집
- 223 　행복하고 싶은 달
- 228 　다만 잊었을 뿐이다
- 233 　사람은 어느 때 특별히 빛나는지
- 238 　아테나 여신의 아우라
- 245 　진주조개를 찾아서
- 250 　샌프란시스코! 그곳을 걸었네, 거기서 보았네

- 259 　해설 · 추천의 말

이제는 노래를 부를 시간

갈매기 출가하다

 그날, 새벽이 물러나던 호수에 한참이나 눈을 준 무리가 있다. 처음엔 웅크린 모양새로 보아 오리 떼가 아닌가 했다. 아침 햇살이 수천 개의 발을 드리우자, 바라보기에도 눈이 부신 갈매기들로 드러났다. 회색 망토를 두른 하얀 몸체에 화룡점정 새까만 꼬투리, 치자 빛 부리의 삼위일체는 혼이라도 떨어내듯 소리를 뿜어댔다. 갈매기 떼가 수면에 떠 있으리라곤 짐작하지 못했다. 지금쯤 바다가 내어주는 하늘길을 날거나 외딴 바위에 서서 태곳적 얘기를 듣기 십상인데, 물 위를 배회하는 중이라니! 태평양 물줄기가 숨을 고른 샌프란시스코 남단의 수로 하나가 그들로 부산했다.

 잠시 후엔 색다른 광경이 벌어졌다. 파도를 타고 올라가던 몇몇이 급선회를 하더니 거슬러 내려오기 시작했다. 안간힘을 써대는 발장구를 물살이 도와주고 있었다. 마침내 안착한 수로 한가운데는 생각을 같이한 동지들이 모여 있었다. 부드럽게 목을 빼고 고개를 주억거리는 친구, 부리를 딱딱 마주치며 두리번거리는 새내기, 날개로 수면을 튕기다 기지개를 켜는 노장까지. 그러다간 동작을 멈추고 죽은 듯 고요했다. 짧고도 짙은 명상이 끝나자 그들 중 두엇이 나서 춤을 추기 시작했다. 둘이서 '파 드 되pas de deux(여성과 남성, 두 사람이 추는 춤)'를 선보이자 연이어 다른 넷이 '파 드 카트르pas de quatre(4인무)'를, 그러곤 여럿이서 '코르 드 발레corps de ballet(군무)'까지 펼치는 맵시란! 물살에 장단 맞춰 갈매기들이 만든 백조의 호수가 탄생하고 있었다. 잠시 전 거친 하늘의 일상에서 출가한 1군이 펼친 무대는 먼저 온 누군가가 애써 마련한 최적의 장소였다. 때로는 유연하게 때로는 뒷걸음질 치며 봄날의 옥빛 호수는 그들 몸짓으로 익어갔다.

몇 해 전, 나에게도 특별한 봄이 찾아왔었다. 바다처럼 무심하게 흐르는 일상에서 수필이라는 호숫가로 발을 디딘 날이었다. 아낙네라 불리던 대수롭지 않은 이름은 아내와 엄마를 거쳐 할머니로 이어지는 중이었다. 그 무수한 날에 모래처럼 새 나갈지 모를 순간들을 사유의 그물망에 건져보기 위해서라도, 밥 짓다 말고 출가해야 했다. 새롭게 나아간 그곳에선 아름다웠던 추억도 쓰라리던 순간도 해맑은 실상으로

비칠 것이었다. 창작의 호수가 제아무리 거치다 한들, 저만치서 파란 하늘이 고개를 내밀면 잔잔히 흐르고 말리라.

　발을 디딘 글쓰기 방엔 백지가 무색할 만큼 묘사의 춤판이 벌어지고 있었다. 비슷한 이유로 함께한 사람들이지만 춤사위가 달랐고 모두가 각별했다. 그 속에서 나도 어떤 장단의 춤을 췄다. 뒤뚱거리는 내 몸짓이 아낙네의 범주를 뛰어넘지 못했을 때도, 절실하긴 매한가지였다.
　"처음엔 쉬운 날갯짓으로 출발해봐! 그리고 점점 자기만의 진중한 스텝을 밟아봐!"
　은밀한 사명감이 귓속말해 오자 나도 모르게 힘을 실었다. 까다롭고도 세련된 춤판이었다.
　우리 중 누군가가 차이콥스키의 백조를 닮아가고 있을 즈음이었다. 내 걸음은 라운드를 더할수록 둔탁해지더니 슬슬 춤사위가 풀려갔다. 아무래도 완전히 출가하지 못한 듯했다. 일상의 유혹은 파계 직전의 신부에게처럼 끈질겼고 지천으로 기다리는 삶은 오만가지 날개를 펼쳐 보였다. 마침내 더듬더듬 돌아와야 했다. 이번에는 엄마를 넘어 할머니의 자리로.

　손녀들이 사는 데서 십여 분 떨어진 공원길에 들어설 때면, 오래된 갑판을 향해 쉬지 않고 흐르는 물길 앞에 나도 모르게 멈춰 선다. 바람이 수군대는 늦은 오후였다. 수로의 한 지점에 진짜 오리가 등장했다. 물구나무를 선 채 머리를 넣었다 들었다 쑥스러워하는 모습이 어디서 본 듯 낯이 익다. 백조의 춤을 익히던 갈매기 친구들이 실눈을 뜨고 환대하지만, 머뭇머뭇 비켜나더니 뭍으로 사라진다. 남겨두고 온 사연이라도 떠올랐는지 모를 일이었다.

춤을 추던 갈매기 하나가 늪으로 걸어와 아쉬운 듯 두리번댄다. 그때였다. 사라진 갈색 오리가 다시 또 모습을 드러낸 것이. 두 번째의 출가를 자축이라도 하듯 모터보트처럼 전진해 오는 기세에 모두가 갈채를 보낸다. 낯선 오리와 한 무리의 바다 갈매기가 펼치는 허허로운 무대를 파도가 말없이 지켜본다.

이윽고 술렁이던 갈매기들이 비상을 준비한다. 시간이 다 된 걸까. 오리와 함께 떠 있는 동안 『갈매기의 꿈』의 주인공, 요나단 갈매기처럼 한 번 더 높이 날고 싶었던 걸까. 무심하던 하늘에 사연 하나 보태놓고 오려는 듯, 나지막이 조금 높이 몇 차례나 수면 위를 맴돌고 날아가는 그들. 금방이라도 다시 올 것 같다.

"할머니, 여기서 나랑 살아! 할머니 서울 집도 가고 싶어."

네 살배기 손녀가 재잘댄다.

"가까이 계시니 얼마나 좋은지요. 그래도 한국에 딱히 할 일 있으시면…." 그 어미가 장단 맞춘다. 그 둘의 갸륵한 발상과 아이러니는 꼭 내 속을 들추는 것만 같다. 그렇지 않아도 나는 두 개의 성, 안착과 출가를 새처럼 넘나들고 싶었는지 모른다.

아득하다가도 눈앞에 살랑이고 살뜰한 손길을 내밀다간 심술궂게 달아나는 것이 수필이었지 싶다. 지난겨울 야릇한 유혹을 뒤로하고 아낙네로 돌아와 봄을 여위었다. 꿈의 정체를 알기도 전에, 출가한 곳에서 다시 출가해 온 셈이다. 그런 지금 또다시 그곳이 그리워 서성이는 나를 본다. 알고보니 일상과 글, 두 마리 토끼가 서로의 경계를 넘나들며 선의의 경쟁자로 건재했나 보다. 존재만으로도 무궁무진한 그 둘은 이제 내가 어느 편에 안기든 넉넉한 품을 내어줄 것 같다. 미약하던 어깨가 개구쟁이 세 손녀와의 소요도 감당하고 있으니 말이다. 하지만 한 편의 글을 쓰기 위해 지금 이 일상마저 벗어날 수 있다면, 비상하는 갈매기에 못지않은 나래짓이 되리라.

그래서다. 할머니 노릇의 진수라도 그리고 싶어질 땐 거친 듯 잔잔한 수로, 그 물살 위에 다시 떠 있어야겠다. 그때는 백조의 춤이 아니어도 가만히 추어보리라.

일상이 있어 내일의 출가를 꿈꿀 수 있는 나는 행복한 갈매기다.

입동이 지났는데도

　단풍의 풍楓 자가 10을 뜻한다는 걸 지금에야 알아본다. 그러고 보니 음력으론 꽉 찬 10월, 선홍빛 잎들이 불을 놓았다. 어제 내린 늦가을 비가 영하의 쌀쌀함을 몰고 온 것도 모른 채 하늘을 향해 붉디붉다. 너무 붉어서 애처롭고, 그 붉음이 끝이 없어 걱정스럽다. 어떤 영혼이, 어떤 정신이 저들의 몸체를 꽃피우고 있는지.
　그들 잎새 위로 오늘은 온종일 빗방울이 떨어진다. 떨어지지 않으려 안간힘을 쓰는 듯, 조금이라도 더 붉어지려 정신을 곧추세우는 듯, 저리도 춤을 추어대는 모습이 처연하기만 하다.
　조금 전에 열어놓은 유튜브에선 구수하고 칼칼한 목소리 하나가 흘러든다. 백 세 교수 김형석 철학가의 인생 강좌 시간이 돌아온 것이다. 세월도 잘 관리하면 팔구십을 넘어 백 세까지 이어갈 수 있음을 보여주는 산 증인이시다. 몸은 비록 쇠퇴할지라도 정신만은 깨어 있을 수 있다는 말씀을 덧붙이신다. 떨어지기 전에 더 붉게 타오르는 저 단풍잎처럼 말이다.

　우리 부부는 일 년에 한두 번 서울의 보금자리와 미국 아들네 곁을 왕래한다. 꽃 같은 손녀들과 오래된 고향 친구, 두 가지 귀착지 중 어느 하나 포기할 수 없어서다. 남편은 우리가 이런 비행을 하는 건 젊은 시절에 노심초사하며 대비해 둔 약간의 재물과 시간을 보람 있게 쓰는 일이라고 말한다. 처음엔 별 소신이 없던 나도 갈수록 그의 말이 그럴싸하게 들린다. 칠십 고개를 넘어 팔십까지 줄타기하는 행운에 감사하며, 물질에 연연하지 말고 여독에도 취하지 말고 마음만 단풍처럼 가꾸자는 멋진 말로 풀이한다.

　퇴직도 한참 지난 남편과 친구들의 정신활동은 그리 대단한 것이 아니다. 꿈과 열정에 불타던 젊은 시절을 돌아보며, 자주 만나 한담을 나누고 움츠러드는 몸과 마음을 다독이는 일이다. 공과대학 동기 동창 그들 넷은 아직도 무언가를 설계하고 다리를 놓는 것인지 모른다. 골프 치러 가는 날은 소학교 소풍 길도 그렇게 설레지 않을 만큼 서로의 채비를 챙긴다. 해외에 머물며 소식이 뜸해지면, 돌아와 함께 라운딩할 팀 편성까지 문자 주는 친구들이다. 귀국하기 무섭게 남편과 그들 셋은 맹렬하게 다시 만나 운동을 하고 밥을 먹고 이야기꽃을 피운다. 커피

타임도 모자라 집에 와서까지 전화로 주고받는 목소리가 맡겨놓은 영혼의 동반자라도 되찾은 듯 그렇게 도란도란할 수 없다. 남은 인생길도 맑은 정신으로 함께 가야 한다며 서로를 독려하는, 마치도 잘 떨어지기 위해 곱게 물드는 단풍잎들만 같다.

 백 세의 교수가 다시 말씀하신다. 절친하던 두 학우, 안병욱 교수도 김태길 교수도 떠나고 없는 세상에서, 눈뜨면 생사부터 확인하듯 발가락을 꼼지락해 보고 손도 펴보신단다. 사실은 한참 밑인 우리 부부도 같은 방식으로 하루를 열지만, 이분께선 훨씬 고차원적인 데가 있다. 신체가 말을 듣지 않을 때도 정신이란 다른 한 축을 맑히는 보배로운 의욕을 함께하신 점이다. 본인의 강의뿐 아니라 젊은이들이 가꾸어야 할 미래로까지 시유의 폭을 확장하시니 말이다. 이들의 멋진 성취를 저세상 가서라도 지켜보겠다니 얼마나 살뜰한 영혼이신가. 끝을 맺으며 던진, "이담에 환생하면 반드시 확인해 보리라"라는 말씀은 더욱 경이롭다. 그분의 정신 속엔 이런 마음, 저승에서 돌아와서라도 꽃피우고 싶은 열정과 사랑이 고스란히 남아 있었던 거다. 그렇게 붉디붉은 단풍이었는데 어찌 다시 돌아와 펼쳐보지 않겠냐고 마음 한편에 새겨놓으신 것 같다.

 노老교수의 지치지 않는 강론이 오늘따라 마음 한 자락에 불을 지핀다. 정신 예찬만이 아니다. 튼튼한 신체 위에서야 건강한 마음이 함께 한다는 만고의 진리도 전해주신다. 무리한 여정으로 지칠 때나 힘겨운 일상이 정신을 흐릴 때마다 나이 든 탓이려니, 의기소침하던 우리 둘을 돌아보게 한다. 속으로는 아직 한 아름의 일거리를 안고 팔십, 구십까지 거뜬하게 건너가고 싶은 나와 남편이다. 저세상도 환생도 정신만 똑바로 차리면 우리 편이 될지 모를 판에, 칠십의 황금기야말로 신실하게 딛고 가야 할 징검다리이자 한 박자씩 쉬어 가야 할 가을이 아니겠나. 그렇담 다시 푸르를 찬란함을 위해 단풍잎들일랑 잠시 쉬며 붉은 넋을 잠재워도 좋겠다.

　11월, 그러니까 음력으로 10월의 멋진 날에 또다시 겨울을 재촉하는 비가 내린다. 바람아, 조금만 덜 흔들어주어도 좋으련만. 그러잖아도 안다니까. 입동도 벌써 지나버렸단 걸.

이제는 노래를 부를 시간

    부드러운 반주에 맞춰 조용필의 「꿈」이 리듬을 탄다. 글솜씨와 음악에 조예 깊은 선배님이 손동작을 선보이자, 연배 지긋한 문우님과 반 전체가 소리를 낸다. 다가올 송년회에 함께 노래할 곡목이라 한다. 가을 하늘을 뒷전에 두고 배움의 일념으로 글쓰기 방에 자리한 모두가 용감한 전사 같았는데, 이젠 노래와 춤까지 마다하지 않는다니 놀랍기만 하다.

    코끝에 매달린 쌉쌀한 바람에 실려 여기저기 송년회를 알리는 목소리가 들려오긴 했다. 올해는 초고속 시대에 맞추느라 봄을 대충 건너뛰어 무더위로 긴 업데이트를 하더니만, 가을바람일랑 감칠맛만 주곤 냉기 검색으로 들어간 모양이다. 봄 학기에 시작한 내 글쓰기가 채 여물기도 전에 거침없는 시간은 한 해의 끝자락을 밟고 가라 명한다.

　프로그램 논의를 위해 수업 시간 삼십 분 전에 모이라는 통보가 있었음에도 어영부영 십오 분이나 늦게 합류했다. 그동안 열심히 써오신 분들께는 매년 돌아오는 이 행사가 한 해의 결산을 의미하는 자연스러운 것이리라. 모두가 참석해야 한다는 말에는 수긍하면서도, 어쩐지 나는 민망한 기분이 들어 어디론가 숨고만 싶었다. 두 계절이나 흘려보낸 지금, 다작은 아니어도 몇 편 더 부지런히 써놓았더라면 가무歌舞에 낄 마음이 나지 않았을까 싶어서였다.

　중국에서 태어난 프랑스 작가이자 최초의 노벨문학상 수상자인 가오 싱젠高行健(1940-)은 홍콩의 중문대학에서 펼친 '문학과 언어'라는 강연에서 "작가는 적어도 글을 쓰고 싶다는 욕망, 즉 마음의 필요를 느껴야만 한다"라고 말했다. 내게 글을 쓰지 못한 해명을 넘어 문학적 소양을 갖추지 못한 이유까지 일깨워 주는 듯하여 아찔했다. 초등학교 때는 특별한 마음의 욕구와도 상관없이 작은 느낌 하나만 붙들고도 원고지 위를 천연덕스레 미끄러지지 않았나. 인생의 반 이상을 보낸 어느 날, 좀 더 심오해야만 한다는 상념 때문에 그런 자연스러운 충동마저 꼬리를 내리곤 했으니. 어른이 된다는 건 참으로 불편한 일이었나 보다. 스스로 그렇게 얽어매다 보니 자연 느낌도 헐렁해져서 먹먹한 백지만 눈앞에 왔다 가곤 했으니, 이제 그 마음이라는 목석에 노래라도 한

번 불러줘야 하지 않을까 싶었다.

　조용필의 곡을 다시 만난 것은 참으로 오랜만이었다. 칠십 년대에 「돌아와요 부산항에」가 히트하여 선풍적인 인기를 끌었을 때 잠시 흥얼댔을 뿐, 해외 이주에 코가 빠져 이름조차 잊은 터였다. 발라드곡이 만연하던 팔구십 년대를 훨씬 지나 귀국했으니 가히 우리 가요와의 결별이었다. 물밀듯 변천을 거듭한 가족 일기에 편승하는 동안 노래 부르기 또한 글쓰기만큼이나 관심사가 아니었으니, 그간 음반이 나온 이 「꿈」 또한 생소한 게 당연했다.

　집에 오자마자 음반을 찾아 열었다. 강산이 두어 번 바뀐 지금 다시 만난 가요 왕의 섬세한 목소리가 흘러간 시간을 반추하듯 애절함을 더해 왔다. 놀랍게도 대충 흥얼거리기에 무리가 없을 것 같았던 곡이 막상 완주해 보려니 놓치기 쉬운 부분들로 만연했다. 작은 파편과도 같은 세밀한 한두 곳을 만나는 순간 곡은 야릇한 홍조를 띠기 시작했다.

　단조로운 멜로디인데도 들릴 듯 말 듯 가사 어미에 살짝 꼬리를 달아 올리거나 길게 연음으로 늘이다 당기는, 그의 작곡법은 쉬운 소재로 담담하게 쓰인 글귀 속에 반짝이는 감성 언어에 견줄 만했다. 내 것으로 만들어 노래 부르다 보면, 선뜻 글을 쓰고 싶은 생각이 들 것만 같았다.

　노랫가락에 별표를 주며 달으려는 순간 야릇한 호기심이 다시 한번 곡을 열어보게 했다. 거기엔 또 다른 멋이 숨어 있었다. 꿈을 예고하는 전주가 운을 떼고 곧이어 주 멜로디가 거듭되다가 후렴을 기다리는 간주가 시작되었을 때다. 이때까지의 조가 바뀌는가 싶더니 곡은 완전히 다른 분위기로 갈팡질팡했다. 주된 멜로디와 어울리지 않는 분열 음으로 먼 곳으로 흩어지다간 다시금 흐느적흐느적 주제를 향해 돌아오곤 했다. 화려하고도 쓸쓸한 도시에서 한참을 방황하다 마침내 고향으로 돌아오는 탕아가 연상되는 격렬한 흐름이 이어졌다. 한참을 끌려가다 정신을 차려 보니, 다음 소절은 어느새 이후에 올 편안한 후렴에 닿아 있지 않겠는가.

길을 잃지 않고 돌아오기까지 간주한 그간의 음 이탈은 무엇을 뜻하는 것이었을지. 글 쓰는 이가 마음의 필요를 느낄 때까지 한 번쯤 떠돌았을 어떤 공백에 견주어지는 듯해, 나는 자꾸만 그곳을 되돌렸다. 그렇게 한참씩 사람을 몰고 다니던 소용돌이가 이상하리만치 편안한 느낌을 안겨주고 있었다.

피날레 부분에선 또 하나의 이색적 결실을 보았다 할까. 살짝 단조의 가락으로 늘어지며 마치 끝나지 않은 꿈의 잔상을 흘려주는 듯했으니 말이다. 글의 마지막 단락에 그런 여운이 남아야 하는 것처럼. 끝맺음에서 알아차려야 할 독자의 몫이 따로 있는 것처럼.

한참을 상념에 잠기고 난 지금, 그때의 멜로디와 가사가 점점 더 뚜렷한 주제를 향해 나아갔던 걸 기억한다. 걸맞게 준비되었을 은밀한 운무도 그려지며 저절로 미소가 지어진다. 나도 이젠 주저하지 않고 가무에 가담할 수 있을 것 같은 느낌이다. 간주라는 공간에서도 놀아보았으니, 잠시 잃었던 제 곡조를 찾아가면 되지 않을까. 긴 시간 묻혀 있었기에 한층 더 절실해진 마음의 소리와 허공 속에 맴돌던 나의 언어도 이제는 쉽사리 노래 부를 수 있었으면 좋겠다.

오월이 데려온 유월

 영국의 계관시인 브리지스Robert Seymour Bridges(1844-1930)는 노래했다.
 "유월이 오면 사랑하는 이와 건초더미 속에 앉아, 하늘의 흰 구름을 바라보며 기뻐하노라."
 그런 유월이 내게 일찌감치 신호를 보내어 사그라진 지난달의 불을 지피겠노라 회유한다. 오월이 황망히도 채비를 서둘러 떠난 탓이다. 달력을 가득 채웠던 서른 하루는 글만 쓰려 하면 하나씩 줄행랑을 쳤다. 처음엔 제법 내 들뜬 기분을 맞춰줄 듯 상냥하더니, 알고 보니 구두쇠에다 변덕쟁이었다. 놓치기 아까운 느낌들을 제 맘대로 거둬 갔나 하면, 여행길에 주머니에 넣어 온 사연마저 송두리째 앗아 갔다. 오래갈 줄 알았던 소재들이 물거품처럼 사라진 마지막 날, 나는 빈손으로 돌아셨다. 실은 신록의 풍요로움이 내 필수품인 감성을 데려간 거였다. 엄마의 별자리에 언제까지고 머무를 줄 알았던 딸이 불시에 다른 유성으로 탈출해 버렸듯.

오월생이던 딸은 그해 자기 생일 달에 유난히 분주했다. 직장 일을 틈타 두 달 후 칠월로 정해진 결혼식 프로그램을 짜내느라 눈코 뜰 새가 없었다. 그 모습이 안쓰럽던 나는 무엇이든 대신 뛰어주는 것으로 싱글의 마지막 며칠을 선사해 주고 싶었다. 하지만 돌아온 대답은 너무도 시원해서 섭섭할 지경!
"그냥 계셔도 돼요. 제 일인 것을요. 우리 식으로 쉽게 할게요!"
사실은 일리가 있고도 남는 말이었다. 참, 여기는 타국이지, 그리고 지금 외국인과 결혼하는 거지.
딸이 만약 혼인하겠다는 의사를 전해 오면 마음껏 세속적 엄마가 되어보리라던 나는 상황을 긴급 감지했다. 다음 순서는 쓸데없는 궁금증으로 채워졌다. 아직은 내 울타리 안에 있는 딸이 다른 집 마당으로 옮겨 가기 전에 얼른 더 많은 이야기를 나누어보고 싶었다. 얼굴색과 눈빛이 생판 다른 배필을 맞는 혼례는 어떤 모습으로 치러지는지, 그 남자는 대체 무슨 수로 내 딸 마음을 따냈으며, 혹 지금 내 아이는 망설이지나 않는지.

밀물 같은 호기심이 채 풀리기도 전에 그달 그 많던 날은 잰걸음으로 달아났고, 어느새 나는 유월의 문턱에 멍하니 서 있었다. 어름어름하는 사이 정말로 큰 이별의 날이 다가오고 있었다. 이럴 때 나 같은 보통 엄마는 어떻게 특별해져야 하는지 막막했다. 곧 칠월이 되어 청포도를 따러 올 손님이 문을 두드리기 전에 주어진 유월을 아껴가며, 지난달 놓쳐버린 딸애와의 마지막을 가꾸어야 했다. 그녀의 결혼식에 부칠, 가슴속에 묻어놓았던 헌사를 찾게 될 그달은 내 옆에 머무를 최고로 참을성 있는 친구여야 했다.

그래서였을까. 마침내 맞이한 칠월, 대서양의 쪽빛 하늘 아래 부케를 든 신부는 눈이 부셨다. 새로운 커플을 실은 배가 닻을 올려 망망대해로 나아갈 수 있기를 고대하며, 어떤 걱정거리도 풀잎처럼 날려 보내던 하루하루가 무의미하지 않았던 거다. 브리지스의 시구 못지않은 행복을 그 애에게 기원하던, 그해 유월은 오월이 데려온 가장 친절한 달이었다.

올해도 한탄스러운 오월이었음을 기억한다. 그 임은 이번에도 심중의 내 말을 못 들은 채 훌훌히 떠났으니 말이다. 뒤이어 온 이번 유월이 못내 또 살가운 건 바로 그 때문이다. 좋은 소식을 대동하고 온 사신을 맞을 때의 설렘이 바로 이런 걸까. 지난달의 푸른 잔디를 그대로 밟고 온 신발을 예쁘게 닦아달라고 내게 보채는, 이 유월은 또한 엄살쟁이

기도 하다. 서둘러 오느라 놓친 것이 많다며 봇짐을 내려놓은 그는 하나하나 물건을 끄집어낸다. 그것들은 모두 내가 놓친 열망의 흔적이라 몹시도 눈에 익다. 나는 그것들을 얼싸안고 빙빙 돌며, 다시는 허술히 보내지 않으리라 다짐한다. 비록 글감을 들고 달아난 오월이 서럽도록 밉긴 해도, 미안한 듯 순서를 넘겨준 유월이 눈앞에 있어 살맛이 나는 건 어쩔 수 없다. 그렇다, 헌 달이 데리고 온 새 달은 주체할 수 없는 그리움으로 넝쿨을 오르는 새빨간 장미여야 한다.

  지금 그 유월이 뜨거워지고 있다.

나는 간간이, 아주 간신히 쓰는 사람이다

하늘과 바다가 파랗게 마주 닿고 꼬불꼬불한 언덕길이 아득히 높아 가는 곳. 이런 샌프란시스코를 두고 '내 마음 거기 두고 왔네…'를 노래함은 터무니없는 감회의 소치가 아니었다. 불어오는 태평양 바람을 가득히 들이켜며 자유로이 걷기만 해도 새로운 이야기들이 마구 떠오를 법했다.

그런데도 나는 카페부터 찾기에 급급했다. 주부의 시간이 잠시 멈춘 자투리 아침, 꿈속에서 영롱한 수를 놓던 그럴싸한 문구들이 달아나기 전에, 글 한 자라도 엮어보기엔 그보다 더 좋은 장소가 없었던 거다.

햇살이 무늬를 놓은 프랑스풍 카페로 들어서자, 마네 그림에서 튀어나온 듯한 올림머리의 여직원이 구면이듯 물어 온다. "무엇 하는 분이세요?"

"글 쓰는 사람입니다!" 아뿔싸, 그런 대답이 나오고 말았다. 그러고 보니 안경 너머로 보낸 그녀의 눈길이 노트북도 동행하지 않은 내 모습을 의아해하는 듯 보였다. 그렇게도 아무렇지 않게 신분을 토로하다니, 참으로 나는 얼굴 두꺼운 사람이 되어 있었다.

더 뉘우칠 일도 일어났다. 구석진 창가에 메모지를 펼치고 앉아 무엇을 써볼까, 머리로만 고뇌에 빠진 거다. 달아나는 커피 맛보다 더한 공허가 조금 전에 선언한 내 정체성을 비웃었다. 이것은 아니리라. 빚쟁이처럼 억지로 불러 세우기엔 너무도 고고히 떠나가는 나룻배가 글쓰기 영감이 아닌가 싶었다. 훌훌 털고 일어나 산책이라도 해볼 일이었다. 걷다 보면 사유라는 손님이 하나둘 끼어들 것이고, 저만큼 무의식의 바다에서 황급한 첫 생각이 반딧불처럼 일어날 터였다. 그러면 나는 혼쭐을 바짝 당겨 달아나는 님의 상투라도 잡아볼 수 있을 것이었다. 희망으로 달뜬 나는 정말 쓰는 사람이라도 된 듯 밖으로 나와 가없는 하늘을 바라보기 시작했다. 대책 없는 취객을 나무라듯 굉음을 지르며 날아가는 바닷새 외엔 아무것도 보이지 않는 허공이 과연 글 쓰는 사람이 맞느냐, 물어 오는 듯했다.

'글을 쓰는 사람이다'라고 자부하기엔 위와 같은 결여 외에도 선선히 시인해야 할 쭈뼛함이 하나 더 있었다. "글은 최선을 다해 써야 한다"라던 어떤 멘토의 말대로 "정말 최선을 다해 써왔을까? 또는 내가 기울인 그 최선이 정말 최고의 선이었을까" 하는 회의였다. 카페의 여인에게 선포한 내 정체성이 부끄러웠던 건 바로 그런 연유에서였다.

조지 오웰의 산문 「내가 글을 쓰는 이유」는 사람들이 글을 쓰는 동기를 네 가지로 분류한다. 첫째는 선의적 이기심으로, 자신의 정체성을 찾아 고유한 삶을 살아내겠다는 의지의 발산이다. 두 번째는 적절한 어휘 배열을 통해 외부세계의 아름다움을 그려보겠다는 미학적 동기인데, 아마도 어떤 이들에겐 첫 번째 못지않은 끈기를 요구하지 않을까 싶다. 다음으론 사실을 있는 그대로 후세에 전달하겠다는 역사적 소신의 발로인데, 그건 진실을 추구하는 사람들의 공통적 염원일 테다. 마지막으론 추구하는 사회적 가치와 이상을 소통시켜 다른 이의 생각을 전환해 보려는 넓은 의미의 정치적 사명으로, 작가의 후반기 성향에 부합한다. 내가 글을 쓰는 동기 역시 네 가지 중 어느 하나일진대, 그것이 무엇이든 일단 최선을 다하지 않고서야 절반도 완수하지 못할 것은 자명한 일이다.

최선을 다해 쓰는 것보다 더 핍진한 요건 하나도 생각난다, 니체의 자전적 저서 『이 사람을 보라』 중 「읽기와 쓰기에 대해서」에 등장하는 대목인데, 그건 "모든 글 중에서 나는 오직 피로 쓴 것만 사랑한다"이다. 피는 곧 생명을 뜻하니, 사력을 다하여 정성껏 써내야만 가치 있는 글이 된다는 말인 게다. 무엇인가 늘 미적지근하던 나는 그제야 내 결핍의 실체를 알아낸 것 같아 무릎을 친다. 그런데 피의 작업에 임하려면 무엇이 선행되어야 할까 자문하다 말고, 어느 원로 작가의 글머리에서 일별한 "자신을 완전히 드러내지 못하면 결국은 한계에 도달하고 만다"라는 지적에 다다른다. 그야말로 헐벗은 자아를 거리낌 없이 마주하는 단계를 말하는 것이리라. 독자들 역시도 그렇게 쓰인 글을 좋아하고 말 것이다. 본연의 모습 그대로를 내보인 작가가 마지막까지 원초적 갈등과 경주하며 장애물을 이겨내는 장면을 지켜보노라면, 자신들이 못다 한 문혼文魂을 찾아내는 법열을 누리게 될 테니 말이다.

그만큼 치열한 선배 작가 한 분의 이야기가 있었다. 그의 '피 흘리기'가 예술이라 할 만큼 감동적이었기에 독자들은 열광했다. 불편한 진실을 드러내는 일이 자연스럽게 필연적이어서 도리어 해학이 되어버린 그의 글은 생명으로 넘치다 못해 광光을 발했다. 그 『발광의 집』 저자가 투혼의 관문을 통과하자 나는 부럽기 그지없어, 그런 흉내가 내보고 싶어 밤을 지새운 적이 있지 않은가.

그런데 참으로 못 말릴 일이 있다. 피 흘리는 일, 그 피가 다시 마르는 시간이 두려워 나는 그만 글을 쓰다 말고 쪼르르 주방으로 내닫는다. 거기엔 나 말고도 다른 이들을 만족시키기 위한 식자재들이 기다리고 있다. 각각이 제 나름의 효능을 발휘하도록 그에 상당한 정성을 넣으면 그뿐이다. 습관처럼 그것들을 불러 모아 일련의 아침 식사를 나열해 본다.

그때 얼핏 내 속의 내가 묻는 소리를 듣는다. 당신은 글을 쓰는 사람이 맞나요? 나는 글쎄요, 쭈뼛거리며 피로 쓸 줄 모르는 사람도 글 쓰는 사람에 속하나요? 되묻는다. 내 안에 응고된 근원적 이야기가 땀방울을 흘리며 경주하는 모습이 부담스러워, 늘 저만큼 떼어놓고 관망하는 편이었기 때문이다. 때로는 엉뚱한 소재로 우회하며 변죽만 울리기 일쑤였으니, 나를 위해 쓰는 사람이었을까, 독자를 위해 쓰는 사람이었을까. 아마도 오웰의 두 번째 동기인 미학적 추구에만 부합한 사람이었는지 모르겠다. 그래서 다시 한번 조금 전의 '글을 쓰는 사람이다'가 마음에 걸리는 것이다.

그보다 더 걸리는 게 있다. 그렇다면 글 쓰는 일을 송두리째 그만둬야 할까? 라는 자문이다. 세월이 무서운 속도로 밀려왔다 흘러가는 동안 쓸거리라는 식자재와 감성이란 양념 또한 쏜살같이 사라져버려, 생각하면 여간 아까운 게 아닐 것이니 말이다. 오웰의 세 번째 동기가 말해주듯, 엄연한 삶의 장면들을 기록해 놓고 싶은 욕구 또한 쉽사리 소멸하지 않을 터이니 하는 말이다. 그렇다면 피, 서 말, 아니 한 홉만 흘려서라도 계속 써나가야 하지 않을까? 나는 안다. 내 주위에 그렇게 쓰기 위해 자신의 환부를 망설이지 않고 드러내는, 아름다운 작가 정신이 있다는 걸.

　결론이 났다. 겁이 아무리 많은 나일지라도 간간이, 아주 간신히 피한 방울 흘릴 각오는 해야겠다. 그러기 위해 창작의 문턱을 밟은 것이 아닌가 되새기면서.

　황송하게도 카페 직원에게 다시 고백해야겠다. "나는 간간이, 간신히 글을 쓰는 사람입니다"라고.

신중년이란다

　중년이 연장되고 있다. 옛날 같으면 노쇠의 시작이거나 다른 세상으로 옮겨 갈 수도 있었을 60에서 75세가 지금은 그야말로 물오른 황금기라 한다. 장수하는 노인들이 증가하는 세상이긴 하지만 길가는 젊은 이가 웃을 일이지 싶다. 이름도 당당한 '신중년'이라는데, 그렇다면 진정한 노년은 언제부터일지 궁금해진다.
　4,50대 못지않은 체력과 외모에 그들 못지않은 인지 능력을 갖춘 지금의 6,70대는 강인한 의지와 성실한 사명감으로 오늘의 경제번영을 이끈 주춧돌이기도 하다. 젊은 날 땀 흘려 일궈낸 재원에다 세계화 시대의 초고속 정보 기술까지 습득하여 웬만한 일은 자식들 없이도 척척 해낼 수 있으니, 어쩌면 슈퍼맨이나 슈퍼우먼으로 불려도 좋겠다. 시카고 대학의 심리학 교수 뉴가튼Bernice Neugarten(1916-2001)은 이들을 젊

은 노인Young Old, 또는 능동적 노년Active Silver이라 명명한다. 일터와 자식들로부터 해방되어 넘치는 시간을 맞이한 그들은 질주하던 장년기에 놓쳐버린 자신의 세계를 찾아 마음껏 날고 싶어 한다. 누군들 막을 수 있는 일이 아닐뿐더러, 나아가 그리해서도 안 될 일이다.

때때로 그들의 비상이 생각만큼 자연스러워 보이지 않는 것은 무슨 까닭인지 모르겠다. 노년 빈곤Silver Poor으로 분류되는 상당수의 약자보다 젊어 보이는 건 틀림없지만, 화려한 그 변신이 외형적인 것에 머무를 때는 당혹스러울 따름이다. 깊숙하게 패인 주름과 반대로 과감한 청년 차림을 한 황혼남들, 뭉툭해진 다리를 꼭 끼는 레깅스로 조이고 바쁘게 걸어가는 초로의 여인네를 보면 왜 그렇게 비애를 느끼는지 모르겠다. 젊은이들로부터 문외한이 되지 않으려 그들 취향을 따라 가보는 용기에는 찬사를 보내지만, 그래서 더 외로운 싸움을 이어가야 할 저들이 안타깝게 느껴지는 건 어쩔 수 없다. 어른들의 이런 일탈을 그들 세대가 환영해 줄 것인지, 그래서 두 세대 사이에 진정한 교감이 이루어질 수 있을지, 꼭 담 너머 일이 내 것인 것만 같아 걱정이 앞선다.

부모가 세상을 하직해야 할 적정 나이에 대한 설문지를 돌렸을 때, 놀랍게도 현 대학생들은 65세를 일컬었다. 바로 신중년의 맹활약 시기였다는 사실이다. 통계학적으로 길어진 수명과는 상관없이 그런 속내를 토로한 젊은이들이 꼭 불쾌한 것만은 아니다. 감자가 서서히 익어가 듯 그들의 성숙을 기다려온 우리이기에, 그들 또한 우리에게 떠날 차비를 재촉할 권리는 없으리란 약간의 쓸쓸함 쪽일까 한다. 정성으로 키워 설레 가며 세상에 내놓았다 해서 딱히 무얼 수확할 생각은 없다. 천년만년 부자유친父子有親을 노래할 이유마저 없다. 그걸 또 고깝게도 여기지 않는 것은, 지금쯤 그들이야말로 원原중년에 도달하기 위해 혼신을 기울이고 있는 걸 알기 때문이다. 가슴 뭉클할 일이 하나 있다면 그건 바로 젊음을 연장하여 제2의 돛을 띄우려는 신중년과 하루를 쟁취하기 위해 자기중심적이 될 수밖에 없는 젊은이들이 실은 떼놓을 수 없는 한 라인이라는 사실이다. 두 세대는 다만 얼마 전엔 그러했고 얼마 후에는 이러할, 선배이자 후배인 것을.

하늘이 황송하리만치 푸르던 샌프란시스코의 봄날이었다. 거리를 방황하는 한창나이의 알코올 중독자와 연민의 눈으로 그를 지켜보는 초로의 노숙자 사이에 세대를 넘은 교감의 끄덕임이 오가는 걸 목격한 순간, 나는 잠시 아찔했다. 아들 집으로 돌아오는 골목 어귀 한 소박한 카페에서, 유행 지난 청바지 차림에, 기타를 안은 60대 아저씨와 이어폰을 꽂고 MP3에 흥얼대는 30대 젊은이를 목격했을 땐 더더구나 뭉클했다. 세대 간의 다름을 다투지 않고 각기 자리한 두 세대의 대립과 조화는 완벽했다. 벽에는 아프리카계 미국인인 천체 물리학자, 닐 타이슨Neil D. Tyson(1958-)의 "사람들은 화학적으로 지구에, 원자적으로 우주에 연결되어 있다"라는 표어가 붙어 있었다. 그때 억지스럽지 않은 행색으로 젊음에 줄을 댄 은빛 머리의 그 사람과 애늙은이 같은 청년의 동행은 얼마나 아름다운 반증으로 다가오던지.

 자식에게 피해 주지 않고 노인끼리만 살리라 다짐하고도, 뭔가 2프로 빠진 듯해서 비행기에 몸을 싣고 아들네로 오는 사람들. 그들 중엔 우리 부부도 끼어 있었다. 햇살 좋은 어느 오후, 온전하게 젊은이들 세상을 내주고 싶어 따로 산책을 나섰다가 눈치껏 돌아왔을 때다. 아들은 기다렸다는 듯이 '차이콥스키 바이올린 협주곡의 밤' 입장권을 내밀었다. 며칠 전 그들 세계로 뛰어들고 싶어 'BTS' 신곡까지 물색한 우리였는데, 그는 도리어 엄마 아빠를 클래식 무대에서 만나고 싶었던 거다.
 이 시대 미국이 낳은 바이올리니스트 조슈아 벨의 유려한 현이 팝콘같이 뛰며 하루를 보내는 젊은 가장을 느긋하게 앉힌다. D단조의 청초한 도입부가 청장년을 열자, 곧이어 안단테 아다지오의 2악장 선율이 이제 막 중년 문턱에 선 아들과 우리 두 신중년을 감싼다. 모두는 말없이 무대를 응시하며 자신만의 해석을 읊어낸다. 인생의 넓은 중원에서 셋이 어떤 하나가 되어가는지는 알 수 없다. 다만 강물이 거꾸로 흐를 수 없다는 말만은 진리여서, 남편과 나는 며칠 전 K팝 음악을 접했을 때보다 편안한 기분이다. 우리는 그렇게 노년에 머물러도 좋은 것을.

　뉴가튼의 정의를 다시 보면, YO Young Old 세대는 55세 이상 75세 미만의 젊은 고령자인 신중년이고, 75세부터 85세까지는 OO Old Old 세대, 85세 이상은 Oldest라 한다. 자신의 숫자 나이에 0.7을 곱하면 현실 나이라니, 계산해 보면 내가 속한 세대는 보탤 필요도 줄일 필요도 없이 Young Old와 Old Old 사이에 있다. 그렇지만 70이든 50이든, 무엇을 입고 무슨 음악을 듣든, 이젠 자신만이 체득한 할인 나이에 연착륙해야 하지 않을까. 늘어난 수명이 그칠 수 없는 열정만을 뜻함이 아니듯, 연장된 젊음은 덤으로 알고 인생 제2장의 참뜻만 밝혀낼 수 있다면 좋으리라. 신중년, 그건 억지로 만들어낸 신조어가 아니라 건강하기 이를 데 없는 노년의 이름이자 당당한 세대이므로.

영원한 연습

　기타 소리가 둥둥 마루를 타고 흘러든다. 남편의 연습 시간이 돌아왔다. 오늘은 금속의 예리함이 모니터에 꿰어 넣을 내 글귀보다 투명하다. 음색과 리듬 또한 예전보다 섬세하고 유연해졌다. 나는 문득 어떤 이중주를 생각한다. 그는 기타 연습, 나는 글쓰기 연습.

　'삶은 끝없는 도전입니다. 손수 어려운 길을 찾아 나아간다면 얼마나 값진 일이겠습니까?'
　결혼이라는 새 행로에 첫발을 내디뎠을 때 그가 내게 연주해 준 인생 교향곡의 첫 음이었다. 그런 말을 들려주지 않았다 해도 도전은 이미 우리를 앞장섰을 것이고, 시련은 호위병처럼 우리 곁을 따랐을 것인데 말이다. 젊음이란 그런 것이었으니까.

그때 그 음을 낸 남편과 그걸 익히 들은 나는 오래된 가훈을 따르듯 아직도 도전을 향한 연습을 놓지 못한다. 좀처럼 용단을 내리기 어려운 상황에 직면했을 때도, 움츠리기보단 기발한 생각을 내보는 자세를 취한다. 둘이서 발을 디디고 선 이곳과 자손들이 숨 쉬는 해외 그곳, 둘 중 어느 곳에서 생의 마지막을 장식할까를 고민해 보다가 즉답이 나오지 않을 땐, 에둘러 상상의 폭을 늘려보기도 한다. 전혀 불가해 보이는 가구의 재배치를 맥가이버처럼 시도해 보는가 하면, 젊은 래퍼들 속에서 클래식의 선율을 건져보기도 한다.

젊음이 등을 돌리기 시작할 무렵, 남편에겐 새로운 도전이 찾아왔다. 지난날 묻어두었던 미련 하나를 찾아내어 토닥이게 되었는데, 바로 기타를 하나 사서 안으면서다. "둥둥, 드르륵! 드르륵, 드르륵, 둥둥!" 두드려 내는 품새가 제법 그럴싸했다. 초등학교 시절, 음악만은 자신이 없어 눈으로 풍금 언저리를 배회하던 소년이 마침내 시간과 노력을 동원해 오르지 못한 산을 오르는 중이었다. 음표와 리듬과 화음, 어느 하나도 검증된 음악 이론으로 독파하지 않은 것이 없을 정도였다. 도-미-솔, 도-파-라, 시-레-솔…, 으뜸화음 딸림화음, 버금딸림화음 등등…. 뿌려지고 흩어지고 다시 한자리에 모이는 화성과 화성들로의 끝없는 연습 덕분에 손가락엔 어느덧 물집이 잡히고 못이 박혀갔다. 그런데도 재미만 있었다니 법열이라도 이만할까. 흥겨운 도전의 매 순간

물고기가 새로운 물을 만난 듯 탐구심이 반짝였다.

　아쉬운 것이 있다면, 잘 흘러가던 음이 희한하게도 사람 앞에만 서면 멈춰버리는, 수줍은 기타리스트였다는 거다. 안타깝기 그지없던 내가 어느 날 한두 곡만 추려 가족 콘서트를 열어보지 않겠냐며 능청을 떨었을 때, 배우고 터득하는 과정이 중요하지 뭘, 하며 연습만으로 만족한다는 그였다. 도전이란 그쯤 해서 스스로 한계를 짓기도 하는 듯했다. 가만히 보면 남 앞에 나서는 것을 유달리 계면쩍어하는 속성은 나와도 닮아 있었다.

　생각만 낼 뿐이지 늘 우유부단하던 늙은 소녀, 나에게도 도전은 비껴가지 않은 것 같다. 모니터를 부여잡고 글자와 씨름할 기회가 온 것이다. 호기심 많고 영감이 넘치던 젊은 날을 어디에 두고 철없는 늦깎이가 되었는지 모를 일이다. 황혼의 글쓰기란 실수마저도 허락해 줄 만큼 넉넉한 벗일 거라 맹신했나 보다. 무심코 내달은 풀밭 위의 자유처럼 얼마든지 다양한 선율과 리듬으로 흐를 수 있으려니 했다. 주저주저하다 냉큼, 도전 열차에 오른 나였기에 누군가가 그만 쓸래? 물어 왔다면 조금 역정이 났을 것만 같다. 수줍은 기타리스트, 남편처럼 미련만은 지우고 싶었을 테니 말이다.

　아침 하늘이 눈밭을 이루기 시작한다. 처음엔 눈물방울 같은 알갱이

들이 뱅글뱅글 돌더니 뭉툭한 다발을 이루며 막춤을 추어댄다. 줄타기 광대처럼 멈칫거리기도 하고, 실수로 허겁지겁 떨어지기도 한다. 비스듬히 누워 동료들이 하강하는 모습을 지켜보는 무리도 있다. 그들과 그들 모두로 수를 놓은 하늘 공간은 목화솜을 뿌린 듯 눈이 부시다.

 울림통 사이를 넘나드는 남편의 기타 줄도 완주를 향한 삼매경이다. 음과 음 사이를 무수히도 오가더니 마침내는 안착하고 만다. 내 글짓기 연습이 그의 기타 연습을 따라잡을 수 없는 이유이다. 떨어질 땅이 두려워 차분히 흐르지 못하고 급강하하는 눈발처럼 허둥대나 하면, 문장은 더듬대고 단어들은 질척이며 앞뒤로 자리다툼까지 펼치는 탓이다. 낙하하기 위해 얼마간 머무르며 착지 연습을 준비하던 눈송이, 그의 기타 연습을 닮을 수만 있다면!

 둥둥, 둥둥! 아마추어 프로를 넘어 진짜 프로를 향한 남편의 기타 줄이 하루 중 아무 때고 연습 음을 울린다. 나 또한 마음만 먹으면 한 줄 글로 노래할 수 있는, 프로 같은 아마추어가 되고 싶다. 우리는 나란히 이중주 연습을 이어갈 것이다.

이른 아침 새들의 무리를 보았다

예전엔 눈에 띄지 않던 길섶 작은 숲에 새들이 머리를 조아리고 있었다. 딱새 두어 녀석이 종종대며 떨어진 열매를 쪼는 곁에 난데없는 비둘기 네댓이 비집고 들었다. 큰 놈들의 입속으로 작은 것의 먹이 열 개쯤은 빼앗겼지 아마. 망원 렌즈로나 비춰야 겨우 부리가 보일 작디작은 생명과 염치없게 우람한 침입자의 집합이 마음에 걸려, 나는 그만 가던 길을 멈추고 다가섰다. 한 발 두 발 가까워지자 후다닥 작은 새들부터 날아간다. 놀란 나는 뒤로 물러선다는 게 앞을 내디뎠고, 그새 비둘기들마저 줄행랑을 쳤다.

그들이 떠나버린 빈터엔 아쉬운 고요만 남았다. 어줍게도 그들의 양식을 빼앗고 만 거다. 작은 새들에게 큰 무리가 방해꾼이었다면 사람인 나는 거역할 수 없는 운명이었을지 모른다.

메리라 불리던 초등학교 시절의 집 친구, 누렁이와의 하루가 떠오른다. 한여름의 나른하고 허기진 새벽이었다. 갈증부터 없애려 장지문을 밀고 든 부엌에 어슴푸레 먼동이 비췄다. 그때, 아직은 어둠이 남은 저만의 공간에서 비밀스레 북어 머리를 뜯고 있는 메리를 보았다. 아침 식사에 몰두하느라 정신이 없는 녀석의 모습이 신기해 다가가 머리를 쓰다듬는다는 것이 덥석 다리를 물리고 말았다. 상처라곤 이빨 자국 한둘만 났을 뿐 쓰라리지도 않았건만, 무엇보다 혼비백산했을 뿐 아니라 믿는 도끼에 발등을 찍힌 듯 속이 상했다. 하지만 저쪽은 더 했나 보다. 우리 둘은 장단이나 맞추듯 울며 짖으며 소란을 떨어 식구들을 깨웠다. 그즈음 먼 친척 여식이 큰 개에게 물려 방치된 후 목숨까지 잃었다는 소식을 접한지라, 아버지는 부랴부랴 광견병 주사부터 물색했다. 그때 나는 스무나흘 동안이나 여린 척추에 드리운 두꺼운 바늘의 공포를 피하느라 빙빙 돌기만 했을 뿐, 녀석의 반격이 뜻하는 의미를 알지 못했다.

소중한 식사 시간을 빼앗겨 서러웠던 메리의 입장을 진즉 돌아보았다면, 오늘 아침 쉽사리 새들에게 다가가지 않았을 듯. 황망하게 도망치던 그들 무리의 설움이 남은 자리에서 한동안 먹먹했다. 어쩌면 새들과 누렁이에 대한 회한만이 아니었을지 모른다. 그들 모두를 닮은 지난날의 내가 거기 있었다.

무엇엔가 도전하려만 들면 알지 못할 힘이 저지하곤 했다. 마음에 드는 목표를 찾아내면 꼭 그걸 만류하는 장애물이 등장했다. 딸이나 손녀가 아니라 아들이자 손자라서 기세가 등등하던, 연년생 오빠는 일곱 살 내가 겨우 얻은 얼음과자에 거침없이 침을 발라 입을 댈 엄두를 낼 수 없게 했다. 호기심이 불을 놓던 사춘기 시절, 오후의 볕 그림자가 무늬를 놓던 툇마루에서 소설책이라도 펼치랴 들면, 동생들을 업어주어야 할 시간이라는 엄마의 성화가 그치지 않았다. 소녀 시절엔 형제자매에게 양보하느라 좋아하는 것을 갖지 못했고, 대학 졸업 후엔 프랑스 유학반에 들고서도 떠날 수가 없었다. 과년하기 전에 혼인해야 한다며 내 계획에 쐐기를 박은 아버지의 위력이야말로 거대한 운명이었다.

무언가를 놓치는 일은 결혼한 후에도 이어졌다. 건설 공무원이던 남편이 국비 장학생이 되어 휴직 후 프랑스 건설성으로 연수를 떠났을 때다. 차제에 파리 대학에 입학해 향학열을 불태우려던 내게 이번엔 공무원 아내의 외국 체류를 금한다는 여권법이 길을 막았다. 운명은 늘 그런 식으로 동행했고 나는 매 순간 잘도 순응했다.

새들을 날려 보내고 난 아침에 멀어진 옛일을 되새기다니, 어찌 보면 필연적 우연이 아니었나 싶다. 부모와 형제, 법의 이름을 빌려 젊은 날의 미약함을 변호하려던 내가 조금 전에 겁을 먹고 달아난 어린 새와 다를 바 없어 보였으니 말이다. 운명인들 포기하길 바랐으랴. 혹 용감하게 제 갈 길 가길 바라는 멘토의 마음은 아니었을까. 양보를 일삼느라 자신을 돌보는 일엔 떨리기부터 하던 사람 하나를 지켜본다는 건 그지없이 답답한 일이었을 테니 말이다. 몽테뉴는 『수상록』의 한 대목에서 "운명이란 우리의 영혼에 재료와 씨앗을 주는 것, 그리하여 각자가 원하는 대로 경작할 수 있게 하는 것"이라 말했다. 지난날의 내 시행착오는 어쩌면 그와 같은 혜택을 간과했기 때문일 수도 있다. 이 또한 운명이라면 운명이었겠다.

오늘 아침 새들의 무리를 덮친 나와 그 옛날 누렁이의 몸에 손을 댄 아이가 무슨 상실의 아픔을 주려던 게 아닌 것처럼, 새침한 여동생에게 개구쟁이가 될 수밖에 없던 오빠나 곁에 두고 싶어 먼 곳으로 보내기 싫던 부모님의 속사정을 알았더라면, 그리 한탄스럽지만은 않았을 것 같다. 돌이켜 보면 한낱 스치는 손님이자 관객이었을 뿐, 조금만 지혜로웠다면 친구처럼 어깨동무하고 둥둥 떠갈 수 있을 운명이었으니까.

한 마음 추스르고 벤치에 기대앉자, 이번엔 아주 큼지막한 새가 곁의 나뭇가지를 때리고 달아난다. 다시금 내려와선 내 발밑의 반 미터 반경을 어슬렁댄다. 그랬다. 운명이 점찍어 준 다른 길은 공허한 것이 아니었다. 조촐한 네 식구로 풍족한 가족 공간을 마련해 주었나 하면, 그 속에서 든든하고 자랑스러운 안주인이 되게 했고, 모두를 외지로 이주시켜 뻗어 나갈 터전까지 마련해 주었다. 게다가 아내와 엄마의 소임을 마치게 한 지금, 수필과 할머니라는 두 개의 새 길도 제공해 준 셈이다.

  덤이 하나 있다. 무언가를 불현듯 쓰고 싶은 마음과 쓰다가 걸려 낙심할지라도 다시금 날아오를 용기까지 날아드는 요즘이다. 그러니 더는 짓궂은 운명이라 탓하지 않아도 좋겠다. 황금과도 같은 시간은 오래지 않을 것이니, 이젠 부지런히 영혼에다 좋은 씨를 뿌려야 되지 않을까 싶다.

  높은 나뭇가지 사이로 보일 듯 말 듯 조금 전에 달아난 작은 새들이 굽어본다. 놓쳐버린 먹이가 아직도 아쉬운지 내가 선 숲을 쫓는다. 그들에게 고하련다. 나에게 운명의 순간들이 악의 없이 찾아왔다 간 것처럼, 오늘 아침 방해꾼이었던 내 몸짓도 한낱 호기심과 충정임을 알아주었으면 한다. 너희도 그렇게 내려다보지만 말고, 이 검은 새처럼 훨훨 날아 다른 먹이터 하나를 찾아주면 어떨지. 아니면, 지나치던 이 길손일랑 말끔히 잊고 다시금 제자리에 앉아주면 고맙겠다. 밝아 오는 새 운명에 입 맞추듯, 그렇게.

세븐틴

어른이 된 아이

아이들이 떠나고 없는 빈방에 살며시 귀를 대어본다. 그들과 함께 울고 웃던 옛 소리가 들리는 듯하다. 웃음소리가 조금 약한 것 같아, 혹 근엄하게 대한 적이 많았을까? 되돌아본다. 다정한 말이라면 쉽사리 건네지 못하던 그때의 나를 지금 와 구태여 책망하진 않겠다. 엄마라는 방식이었기에, 처음이라 서툴렀기에 지금 더 많은 그리움을 띄울 수 있어서다.

꿋꿋이 살아가는 오늘의 그들을 지켜보노라면 께름직한 옛 기억 따윈 떠나보내고 싶어진다. 하지만 조금 더 성장한 엄마 모습을 선사하려면 부족했던 순간을 반추할 수밖에. 불현듯 아들이 사는 샌프란시스코를 찾아, 예전에 못다 한 웃음보를 터트리며 도란도란 얘기 나누어보리라 마음먹는다.

추억 상자에만 넣어두었던 자식을 실지로 만날 시간이 가까워지자, 제일 먼저 그 일이 떠올랐다. 바로 학우들과 스승들 앞에서 차분히 읽어나간 그의 졸업 연설이었다. 그때 나는 어느 한 대목이 유독 마음에 들지 않았던 것 같다.

"이제 미래를 향한 힘찬 발걸음을 내딛으려 합니다. 하지만 내 안에 있는 한 어린아이를 결코 잊지 못할 것입니다."

씩씩한 말을 기대했던 나는 그만 어린아이란 말에 걸려버렸다. 전도양양한 유학을 떠날 청년이 약한 마음부터 내보이다니, 도무지 상황에 맞지 않는 것 같아 소감을 묻는 그에게 딱딱한 얼굴을 내보였다. '등에 업은 아이에게 배워 여울을 건너다'라는 속담도 있으련만, 당시 미욱하던 나는 지혜로운 그 방법을 비껴갔나 보다.

어느새 그 애가 한 사람의 지아비이자 아비 된 모습을 띠고 눈앞에 서 있었다. 튼실해진 그를 보자 어딘가 숨어 있을 예전의 그 어린애가 궁금해졌다. 곁을 떠나갈 때까지 사임당식 용기와 참을성만 가르치느라, 여린 마음을 내보일 때 선뜻 보듬어주지 못했던 것 같다. 눈에 띌 성과를 이루어냈을 때도 파안破顔의 웃음을 터뜨려 준 적이 없다. 그랬던 내가 어른이 된 그 애를 마주한 순간 쉴 새 없이 입이 벌어지고 있었다. 어린아이 적 그를 다시 보고 싶었는데, 벌써 제 아이를 낳았다지 않는가.

"느지막이 본 첫 손주니 예쁘고 또 예쁠 겁니다. 그래도 너무 티는 내지 마세요!"

벌써 오래전에 손주 수업을 마친 후배의 충고에 고개를 끄덕였던 적이 있다. 자신이 없긴 했지만, 평소에 감정 관리를 잘하는 남편을 대동하고 가는 길이라 걱정하지 않았다. 하지만 이 무슨 일인가. 아이를 보자 단박에 허물어진 그였다. 첫돌을 앞둔 조그마한 아이 앞에서 갑자기 우리는 한 살배기로 변했다. 손발을 다 써가며 정신없이 어르는 노인 커플에 아들 내외마저 한패가 되어갔다. 시아버지 옆에 털썩 주저앉은 며느리는 번갈아 아이를 어르다간 팔불출이 되곤 했다. 그들이 물러가고 둘만 남았을 때 나는 친구가 들려준 팁을 떠올리며, 이제부턴 우리 좀 어른답게 합시다! 짐짓 점잖은 척을 했다.

놀랍게도 아이는 멀뚱멀뚱 바라볼 따름이었다. 자신에게 찡그릴 기회 하나 주지 않고 쉴 새 없이 피어나는 할아버지 할머니의 재롱이 제 눈에도 한참 철없었나 보다. 저녁밥을 먹일 때였을 거다. 음식을 넘기기도 전에 엄마 아빠가 숟가락을 들이밀자, 조그만 얼굴에 하나 가득 위엄을 담고 책망하는 표정을 짓더니만, 맥이 빠진 그들에게 아무 일도 아니란 듯 눈웃음을 쳤다. 그야말로 부모가 아이 되고 아이가 어른 되어, 할아버지 할머니도 다독여 주지 못했던 제 부모를 한 살배기 딸이 달래주는 중이었다. 아득히 먼 옛날, 씨름하며 밥을 먹이던 우리의 날이 부끄럽게 손짓하고 있었다.

　돌아오기 며칠 전, 침대 위를 구르며 놀던 손녀를 못 살피고 쿵! 하니 떨어트렸을 때의 일이다. 아이보다 더 놀란 내 목소리가 사방에 울려 퍼졌다. 황급히 달려온 아들은 이마 위에 사탕만 한 혹이 불거지고 눈두덩이 불쑥하게 솟아오른 아이를 살피더니, 큰일도 아니라며 우리를 안심시켰다. 자지러지게 울던 아이도 금세 장난감을 만지작거리기 시작했다. 나중에 남편이 그때의 아이와 나를 찍은 스냅을 보여준 순간, 나는 깜짝 놀라고 말았다. 한바탕 사고를 치른 내 얼굴은 돌쟁이만 같은데, 그 옆 눈언저리가 엉망이 된 한 살배기는 어른 같은 미소를 띠고 있지 않은가.

　잘하려 들수록 실수만 연발하던 마지막 며칠간, 돌발 사고에 대처하는 아들과 아픈 것도 금세 잊고 방긋 웃는 손녀 앞에서 어린아이가 되었던 나는 그제야 알아볼 수 있었다. 금쪽같은 딸아이의 상처가 아릴 텐데도 내색하지 않은 아들이 그 옛날 단지 한 어린아이에 지나지 않았다는 사실을. 시간은 언제 그만큼 흘렀는지 모를 일이었다. 햇살 좋은 카페에 마주 앉아 어른이 되어버린 옛 아이와 그 얘기를 하고 싶었는데, 머뭇거리다 보니 떠나와야 할 시간이었다.

　돌아온 호젓한 집에서 기적 같던 그 시간을 돌아본다. 아들과 손녀가 다음엔 또 어떤 어른스러움으로 우리를 맞이할지, 궁금한 미래를 아껴두려 한다. 훌쩍 어른이 되어버린 아이 곁에서 한번 흐드러지게 어린아이가 되어본, 특별한 휴가가 저만치 가고 있다. 어린 시절 그 애가 남겨놓은 몇 가지 소지품에서 쇠비름 같은 어른 냄새를 맡는다. 손녀만이라도 오래오래 아이로 남았으면 좋겠다.

서울 할머니의 노트북

　이슬이 걷히기도 전에 잠을 깬 나는 콩닥거리는 가슴으로 방문 하나를 연다. 반가운 손님이 아직 떠나지 않았는지 알아보기 위해서다. 불도 켜지 않은 방 한쪽에 잠버릇 고약한 아기들을 달래며 그림자처럼 앉은 이가 있다. 서울에서 이곳 샌프란시스코로 건너온 소** 할머니다.

　얼마 전 세 돌을 치르고 네 살이 된 나는 복이 많은 아이다. 멀지 않은 곳에 사는 외할머니가 자주 들르실 뿐 아니라 일 년에 한두 번은 이 서울 할머니도 만날 수 있으니 말이다. 나는 그만 솟구치는 그리움으로 그이의 무르팍에 쓰러지며 아침 인사를 한다. 작년에 일 분 간격으로 세상 빛을 본 여동생 둘도 앞다투어 엎어진다. 우리 넷은 어깨동무를 하고 흔들의자처럼 흔들린다. 오랜만에 엄마 아빠에게 단잠을 선물한 시간, 우리만의 새벽 행사는 나를 선구자처럼 일으킨다.

　우리 집의 유일한 꽃이던 나는 쌍둥이 동생들이 태어나고부턴 부모님 볕을 거의 못 쬔 셈이다. 서울 할머니가 오시고 나선 많은 시간을 돌려받았으니 고마운 인사부터 드려야 하건만, 그러기 전에 함께하며 떼를 쓰고 싶어 눈치를 보는 중이다.
　우선 칭얼대는 동생들을 잠재우고 내 방으로 걸어오실 때까지 참고 또 참는다. 얼마 전까지만 해도 베갯머리 동화 읽기는 아빠 엄마의 몫이었는데, 이젠 할머니의 주 임무가 됐다. 내가 먼저 백설 공주가 깨어나는 장면을 연기하면, 옆에 누운 서울 할머니의 보따리에선 쉰내 나는 옛날이야기가 쏟아진다.
　나는 주로 피터 팬이나 미녀와 야수, 또는 요즘 유행하는 모아나같이 모험이 행운을 데려오는 스토리 텔링을 듣고 싶은데, 할머니는 해님 달님처럼 구슬픈 전설만 읊어준다. 가끔 흥부 놀부나 심청전 같은 착한 사람들의 해피엔딩도 들려주는데, 그런 이야기엔 내가 알던 것과 다른 애틋하고 감미로운 유머가 들어 있다. 그동안 할머니가 서울에서 실어와준 한국말 동화와 동요를 달리는 승용차 안에서도 읽고 듣고 했지만, 내 한국말 실력은 뒷걸음질만 쳤다. 가까운 어린이 학교에서 재미있는 영어 수업에 빠져들고부터다. 그래선지 매일 밤 낭송되는 할머니의 한국말 이야기는 얼마나 놓치지 말아야 할 기회인지 모른다.

할머니는 참으로 바쁜 사람이다. 장난감 밭에서 꼬마들과 뒤엉켰다가도 가스레인지 위에서 뚝딱! 먹을 것을 내려오고, 조롱박 같은 알림 소리엔 아기들 옷을 갈아입히다가도 스마트 폰으로 달려간다. 저녁밥도 소화가 될까 싶게 어물어물 넘기곤 엄마에게서 아기들을 빼앗아 빙그레 돈다. 내가 제일 싫어하는 떠날 날짜가 가까워지면 반쯤 풀어놓았던 짐을 후다닥 꾸려놓는다. 그동안 제트기처럼 서울을 다녀오기도 여러 번이었다. 날아갈 듯 움직이는 몸놀림이 젊은이 같지만, 어이쿠! 물들일 때가 지났네! 하며 귀밑머리를 만질 땐 노인처럼 힘이 빠진다. 그럴 때마다 나는 출렁이는 감정을 가누지 못해 난 아무래도 할머니를 좋아하나 봐! 중얼댄다.

 할머니를 좋아하는 이유가 하나 더 있다. 앞 접시를 말끔히 비워야 식탁에서 일어날 수 있다며 갑자기 매서운 얼굴이 된 엄마, 그만 일찍 잠자리에 드는 편이 좋겠다는 엄숙한 아빠, 그들 등 뒤에서 싱긋! 하고 신호를 보내는 예의 눈빛 때문이다. 우리 둘은 듀엣으로 저녁 양치를 끝낸 뒤 노트북을 베개에 얹고 옛날이야기를 골라 듣는다. 내가 자장가를 불러주길 원하면 할머니는 이름도 어려운 모차르트나 슈베르트의 곡을 틀다 말고 '푸른 하늘 은하수'로 갈아탄다. 뒤척이는 나를 토닥이며 거칠거칠한 목소리로 곡조를 읊다가 어느새 코를 곤다.

할머니가 아주아주 미울 때도 있다. 가족 외식 후 집으로 돌아오는 길목에서 아빠에게 안기려고 떼를 쓸 때면 인자하던 두 눈이 별안간 고슴도치같이 올라가며, 안 돼, 안 돼, 무거워! 하곤 안절부절못하는 거다. 나는 속으로 '하나도 안 무거운데, 뭘' 하고 투덜대며 생각해 낸다. '할머니는 나보다 아빠를 더 사랑하나 보다.'

그날 밤 나는 훌쩍이다 잠이 든 것 같다. 몸부림이 심해 마구 헤엄쳐 다녔는데 자꾸만 무거운 게 얹혔다. 낮에도 쉬지 못했을 그이는 밤새 내게 이불을 덮어주느라 선잠을 잤던 게 틀림없다. 그런 할머니를 잠시라도 미워했다니 어처구니가 없다. 이튿날 무엇으로 보답할지 곰곰 생각하다가 시시콜콜 영어 발음을 고치며 웃겨드렸는데, 할머니는 기실내 한국어 발음을 한 번도 나무라지 않고 잘했다고만 했다.

한 가지 궁금한 것이 있다. 시시때때로 혼자 노트북을 꺼내 들고 물끄러미 바라보다, 무엇인가 바삐 두드리곤 부리나케 닫는다. 살짝 귀띔만 해주면 엄마 아빠에게 이르지 않을 텐데, 가끔 아니 자주 먼산바라기만 하는 할머니가 안타깝고 신비하다.

때마침 하와이 모투누이섬 신화를 다룬 「모아나」란 애니메이션을 함께 보러 갔다. 그곳 족장의 딸인 모아나는 바다 저 멀리 항해를 소망하지만, 그 옛날 마을 선원들의 난파 사고를 떠올린 아버지는 이를 극구 만류한다. 그러다 마을에 지독한 흉년이 들자, 저주의 비밀을 알고 있던 할머니가 하트 장식 하나를 해결의 열쇠로 건네주곤 영면한다. 할머니의 죽음을 슬퍼하기도 전에 사명감으로 고무된 손녀는 모험의 항해를 감행하여 괴물이 된 여신에게 하트를 안겨준다. 저주가 풀린 섬은 힘을 되찾아 융성해지고, 금의환향한 모아나를 반기는 가족과 마을 사람 너머로 할머니의 흡족한 환영이 뜬다.

나는 주제곡 「How Far I'll Go?」를 따라 부르며 환호했다. 집으로 돌아오는 길목에서 모아나의 그분을 떠올리자, 내 옆에도 무언가를 간직하고 있는 할머니 한 분이 있다는 사실이 뿌듯하기만 했다.

우리 할머니도 신비한 기운을 내어 보인 적이 있다. 나의 네 번째 생일이 다가오자, 이젠 옷 선물은 필요 없지? 하시더니 오묘한 요술 공 하나를 건넸다. 박물관 매장에서 골랐다는 투명한 유리 속엔 아름다운 무지개가 꿈결처럼 흐르고 있었다. 함께 살다 저세상으로 간 레트리버 강아지, 코다의 노래까지 지을 만큼 엉뚱하고 곰살맞은 그이는, 녀석을 말할 때면 눈자위가 발그스름해진다. 지금은 꼬마 동생들에게로 옮겨 가는 중인, 코다 녀석과 내가 받은 세상에서 둘도 없는 하트였다. 원하는 것을 말하면 언제라도 대답해 줄 것 같은 무한대의 바다. 이 사람을 좀 더 오래 붙잡아 둘 수 없을까 봐 조바심이 난다. 정녕 떠나야 한다면 지금처럼 바쁘게 다녀와도 좋으니, 모아나의 그분처럼 또 하나의 하트를 들고 오면 좋겠다. 잠결에 어렴풋이 들리는 목소리, 푸른 하늘 은하수 하얀 쪽배에~. 내일 가신다고요, 서울 할머니? 그럼 또 잘 다녀오세요! 그리고 한 번도 열어보이지 않았던 노트북에 제가 몰랐던 얘기들을 담아 오세요!

  지금까지 할머니의 천생연분, 이다은이었습니다.

세븐틴

다섯 살배기 손녀, 은이 바람을 일으키고 갔다. 숫자 세븐티seventy를 셀 수 없던 그 애는 종달새처럼 재잘대며 "해피 버스데이 세븐틴Happy Birthday Seventeen"을 선사했다.

한 묶음의 세월이 종적을 감추더니, 일흔 살 생일이 화두에 오를 만큼 다른 세월이 와 있었다. 자신들 식솔 챙기기에 코가 석 자인 아들과 딸이 잊을세라 축하연 방식을 타진해 왔다.

"한국에서 지인들 모아 큰 상 한번 차려드려요?"

음력으로 세어도 시효가 지난 일이건만, 아는지 모르는지 딸이 선심 쓰듯 운을 뗐다. 다 함께 가족 여행을 하는 편이 어떠냐는 아들의 제안이 뒤따랐다. 전자는 칠십이란 숫자의 거룩함에 맞추느라 시대에 뒤진 안을 냈나 하면, 후자는 참신하긴 하지만 두 집을 합해 네 명이나 되는 꼬마들을 건사하는 고달픔이었다. 일단은 묵묵부답을 띄우긴 했지만, 그 '다 함께'가 풍기는 포근한 뉘앙스만은 나를 흔들고 말았다.

생전의 시부모님이 치르신 기념일 중, 축하 분위기가 최고조에 이른 건 뭐니 뭐니 해도 고희古稀연이 아니었나 한다. 은은한 밴드 음악이 분위기를 돋우는 홀 안에 분홍 드레스 차림으로 서 계시던 시어머님의 주름 서린 얼굴은 십칠 세 소녀처럼 발그레 물들었고, 하객 맞이에 여념 없던 시아버님의 은발은 십 대 청년의 검은 머리처럼 나부꼈다. 그야말로 세븐티가 세븐틴처럼 찬란히 빛나던 그분들의 날이었다. 그날이 예상외로 싱싱하고 활기차 보여, 소리도 없이 사라져 갈 내 젊음은 걱정도 안 했다. 이제, 설마 하던 날을 목전에 두고 그분들 못지않은 관심을 기대하고 있는 나를 보며, 공연히 면목 없어지는 게 아닌가.

다행히도 나의 세븐티는 차분하게 진행됐다. '다 함께'의 일원인 뉴욕 딸이 꼬마들을 끼운 합동 여행에 반기를 들며 예전 같지 않은 내 건강까지 들먹인 덕이다. 아들네 옆에서 세 자매의 부산함에 혼이 빠졌던 나는 고개를 크게 끄덕였다. 그들 모두를 동반하는 장거리 여행이란 세븐틴이 아닌 세븐티엔 아무래도 지나치니…. 아들은 모처럼 들뜬 기분에 찬물을 끼얹은 우리 둘의 나른함을 질책하듯, 사슴 같던 두 눈이 길쭉해졌다. 그때 모호하던 내 태도에 힘이 실렸나 보다.

"됐어, 됐어. 모든 날이 엄마 날이잖니? 이번엔 조용한 것으로!"

칠십을 두고 종심 소욕불유구從心所慾不踰矩라 풀이하신 공자님은 참 합리적인 분이셨다. 풀이대로, 그즈음 내 마음이 원하는 바가 딱 그러했고, 법도에 지나치지 않기를 바랐던 것도 사실인데다, 생각해 보건대 십칠 세처럼 설쳐서도 안 될 일이었다.

모처럼 다 모이는 자리라서 감동이 시너지를 냈나 보다. 바쁘다던 딸 식구가 앞당겨 와 '다 함께'에 맞췄다. 말만 '조용하게 잘해보자!'일 뿐 우리 열 명은 한 주일 내내 난리가 났다. 사진사의 변고로 '다 함께 여행' 안의 차선책이던 스튜디오 촬영마저 무산되자, 마지막 선택 사양이던 스냅 촬영이 시작됐다.

조무래기 모두에게 우리 고유 옷을 입혀 호수 옆에 세운다. 어른들은 앞다투어 샷을 누른다. 그날따라 샌프란시스코의 오후는 때아닌 강풍까지 몰아친다. 바람을 뒤로 맞으며 자식들 모델 만들기에 혼이 나간 아들딸 눈자위에 불혹의 세월이 와 있다.

나의 세븐티가 진짜 세븐티로 다가온 순간이었다.

일주일을 하루 남기고 딸네 식구가 뉴욕으로 돌아가자, 큰손녀 은이 나를 독차지하러 와서 또다시 종알댔다.

"할머니, 세븐티 맞아?"

방금이라도 숫자 공부를 마친 듯 아주 낭랑했다. 움찔 놀라 스마트폰에 방금 공유된 사진을 열어보니, 나 대신 주인공이 된 꼬마들 사이사이 세븐틴보다 더 분망한 세븐티 하나가 들어 있지 뭔가.

"그래 세븐티 맞아! 그런데 말이야. 너희들과 놀려면 세븐틴이 더 낫겠지?"

망설임 없는 내 답변에 그 애의 얼굴이 환해졌다. 하지만 잠시 세븐틴이 되었던 진짜 비결은 알려줄 수 없었다. 오늘 같은 감회를 적어보고 싶은, 따로 둔 일거리가 있어서란 사실은.

시어머님께서 팔순을 맞으신 이듬해 여름이었다. 잠시 귀국했다 다시금 외지로 떠나는 며느리를 터미널까지 배웅하며 시어머님은 들릴 듯 말 듯 읊조리셨다.

"날이 그리 많지 않으니 좀 즐기며 살 거라!"

가던 발길 돌아서서 가만히 안아드린 노인의 어깨는 인견처럼 가벼웠다. 내게 생의 마지막 팁을 주셨던 그분의 따스한 눈빛이 생각나면, 불현듯이 마음의 모니터를 다시 켠다. 그 속에 흘러가는 순간을 빠짐없이 기념하고 싶은 욕심꾸러기 한 사람이 들어있는 걸 아이들은 알았을까? 퍼낼수록 자꾸자꾸 차오르는 샘물처럼 영원히 지칠 줄 모르는 엄마이자 할머니고 싶은 것을.

꽃다발도 밴드도 없었지만, 세븐틴처럼 뒹굴다가 녹아웃됐던 짧고도 긴 한 주가 막을 내렸다. 그리 법도에 어긋나지 않았던 기념일이었길 바라며, 그날 불던 바람을 떠올린다.

멋진 친구

할미다운 할미가 되고 싶다! 이는 눈을 맞추려 들었을 때 멀뚱멀뚱 바라보다 돌아앉는 손녀들을 대하며 떠올랐던 소망이다. 내 나라가 아닌 외국에서 탄생한 작은 사람들이었다. 한국에서 살던 할미가 단박에 친해지기란 쉽지 않은 노릇이었지만, 내 쪽에서 특별한 준비가 아니 되어 있었던 것도 사실이다. 영화 「미나리」에서 뻘쭘하니 서 있던 윤여정 할머니처럼 서성대기만 했다. 한참을 어른 후에야 웃을 듯 말 듯, 조그만 코와 입을 찡긋대는 그들에게 멀리서 날아온 이 할미는 문밖의 객이었을 뿐.

그런 어색함이 안쓰럽고 못마땅했다. 살갑고 친근한 관계가 한시바삐 되어야 했다. 젊은 시절 많은 날을 무더운 나라에서 전전긍긍하느라 후다닥 때운 엄마 노릇도 허탈감을 남겼다. 그땐 자식들을 반반하게 키워내리란 생각에 따스한 어미가 되어주지 못한 것만 같다. 어물어물 보내다 보면 하나둘 손녀들마저 날아가고 말 테니, 한 번이라도 정겨운 할미로 남아줘야지 않겠나. 시간은 그다지 오래 기다려주지 않을 거였다.

할머니 같지 않아요! 하고 소리치는 손자에게 그런 게 뭔데? 라고 되묻던 영화 속 윤여정처럼 (참, 그 장면을 멋지게도 연기했다) 나 또한 그런 할미가 어떻게 만들어지는지 궁금했다. 어느 날 쓰다 만 내 글이 한심하여 움츠러들 때, 그러지 말고 '작가'라 생각하며 써보라던 프로의 일침이 생각났다. 실루엣 같던 정체성을 돌아보기 충분한 말이었지 싶다. 참말로 그럴듯한 말이었다. 그 '할머니 같은 할머니' 또한 숨 한 번 크게 들이켜고 찾아야 할 일이었다. 마음을 훔치던 글 바람을 미뤄두고, 아니 그걸 치맛자락 어디엔가 숨겨 들고 찾아온 우여곡절의 할머니. 그래선지 그건 조금 더 근사하게 그려내고 싶은 희망의 자화상이었다.

할미다운 할미는 공짜로 얻어지는 것이 아니었다. 미국에서 태어난 손자와 소통하기 위해 한국식 영어까지 동원해 가며 너스레를 떨던 영화 속 할머니가 겹쳐 왔다. 다른 점이 있다면, 그 사람의 유머가 한국에서 갓 따온 것이었다면, 나의 그것은 정체성이 희박했다는 점일 거다. 오랜 기간 함께한 제3의 나라에서 묻어온 성향과 다시 찾은 조국의 정서, 거기에다 체화되지 못한 미주의 멋까지 섞어 넣다 보니 이상한 비빔밥이 되곤 했다.

지역적인 것이 가장 세계적이던가. 아카데미 연기상을 거머쥔 「미나리」의 할머니는 자연스러웠을 뿐만 아니라 독창적이었다. 한국에서 아픈 손자를 돌보러 미국에 온 그녀는 보따리에서 생뚱맞게 화투를 꺼내는가 하면, 고국에서 가지고 온 미나리 싹도 함께 심으러 갔다. 그녀만의 뚝심과 토속적인 자태로 친근한 할미 상을 시도하는 중이었다. 나로 말하면, 길들어진 동남아식 악센트로 영어를 건네다간 호랑이에게 잡아먹히는 한국 설화 속 할머니를 연기하는가 하면 알 수 없는 국적 불명의 유머까지 남발했으니, 그들에게 이를 데 없는 외계인이었을지 모르겠다.

어울리는 할미 되기는 아들네 방문의 최대 과제가 되어갔다. 마침내 그런 내게 성공할 배역이 찾아왔다. 그건 훌러덩 아기가 되어보는 일이었다. 상대편 자리에 들어선다는 건 어설픈 일이지만 예기치 못한 충족감을 선사하는 법. 지금은 가고 없는 애견과의 추억 중, 그와 가장 가까이에서 만났던 신세계가 떠올랐다. 내 발밑에서 단추 같은 눈망울로 구애를 해오던 녀석과 근엄하게 서서 혀만 차던 나는 가깝고도 먼 사이였을 뿐이지만, 몸을 한껏 낮춘 내가 어느 날 바로 그 옆에 앉게 되자, 단박에 합일의 희열에 빠져들지 않았던가. 내가 선택한 그때의 키 내림은 이별의 순간까지 우리 둘을 친구로 만들어준 최고의 방편이었지 싶다.

비슷한 놀이가 재현되다니 내 유전자 어디에 그런 성향이 숨어 있었는지 모를 일이었다. 아들 내외의 눈이 휘둥그레졌다. 특히나 내 아드님의 눈이. 난데없이 서너 살로 되돌아가며 코로나에 갇혀 답답하기만 하던 손녀들의 멋진 친구로 승격했으니 말이다. 냉장고 문 위에 '원더풀 할머니'란 카드 말이 붙을 때까지, 그들 세상에 첨벙첨벙 뛰어든 셈이다. 그리고 보면 어렵기만 한 일은 없는 듯했다. 세월이 덧입혀 준 겉옷을 훌훌 던져버리고 처음으로 돌아가면 되는 거였다.

그렇게 미국 사는 손녀들 곁을 드나들다 보니, 이젠 거의 붙박이가 되어간다. 적당히 아쉬워야 한다는 규정을 정해놓고 '멀리 아니면 가까이'가 늘 화두였는데, 이젠 본능이 이끄는 대로 따라가는 중이다. 오늘도 전업 할머니가 된 나는 조금 있으면 들이닥칠 손녀들의 점심을 준비하다 말고 멀리 떨어진 아이스크림 가게를 향해 달려간다. 그렇고 그런 내 스타일의 정식을 먹다 체할지도 모를 아이들을 웃게 해줄 간식이다. 마스크 쓴 숨을 후후 내뱉으며 냉기가 가실세라 꼭꼭 싸안고 돌아오는 길에 한 줄기 바람이 스쳐 가며 당부한다. '힘 좀 빼시지. 녹으면

녹은 대로 엉터리 스무디 한 컵 만들어 먹이면 되잖아!'

그런데 이 무슨 불가항력인가. 빼려던 힘이 자꾸 또 들어간다. 쉬운 할머니 되기가 다시 어려워지는 중이다. 어느 날의 내 글쓰기와 그간의 인생살이도 이와 같지 않았을까.

그래 하는 수 없이 기도다운 기도 하나를 배운다. 세상 사는 그들의 길은 어미 아비가 다 이끌어주리니, 나머지는 세월이 다 메꾸어줄 테니, 이 사람은 그저 할미 같은 할미만 되게 하소서! 이 또한 힘들이지 않고 슬그머니 이루게 하소서!

그들에게 정말 멋진 친구로 남고 싶다.

포인세티아와 세 손녀

성탄절을 며칠 앞둔 저녁이었다. 큰 소리로 부르며 벨을 누른 세 손녀의 팔엔 새빨간 앉은뱅이 화분들이 들렸다. 진홍은 이름 그대로 진해서 선호하지 않았건만, 사랑을 나누는 특별한 계절색으론 무난할 듯. 마스크를 귀에 걸고 새우 눈이 되어 생글대는 세 천사와 포인세티아 붉은 잎의 환함을 만난 순간, 그건 오래 묻어두었던 소망이었다.

세월이 이만큼 흘렀으니 언제든 할미야 되겠거니 했지만, 이렇게 트리오로 몰려올 줄은 몰랐다. 셋이서 움직이면 지나치게 씩씩해서 아마존의 여전사 같은 그들이다. 그날만은 각자의 화분을 탁자 위에 모아놓고 내 반응을 기다리는 모습이 제법 다소곳했다. 세 장소로 적절히 나누어 배치해 보였더니 숙제라도 푼 듯 벙실댄다. 시도 때도 없이 떠났다가 손님처럼 찾아온 아마추어 할미가 무에 그리 반가운지.

그날부터 실내를 밝힌 붉은 잎새의 향연은 해를 보내고 정월을 넘겨 2월의 막바지에 이르도록 이어지며, 서울 가지 말고 우리 곁에 계세요! 부탁하듯 상냥한 미소를 피워댔다. 현관 앞에 들어서면 제일 먼저 눈에 띄는 맏이 것은 가장자리까지 고르게 붉어가며 화분 가득 뻗어 갔다. 제일 먼저 나를 만나 사랑과 기대를 한 몸에 받은 언니다운 풍성함이었다. 벽난로 양쪽으로 세 살 터울의 쌍둥이들 화분을 놓았다는데, 큰애 것보다 성근 잎새들이 피어나다 숙어 드는 양이, 한꺼번에 태어났다며 부담스러워하던 내 첫 마음을 나무라는 듯했다. 뒤쫓아 가는 그 둘의 노력이 가상하면서도 자꾸만 중간 아이의 것에 마음이 쓰였다. '그래도 먼저 나왔으니 한두 잎 더 피어도 좋으련만!'

태어났을 당시의 한 컷에서도 그랬듯, 세상 고苦를 혼자 진 듯 쌉쌀한 표정에 유난히 짧고 휜 다리를 가진 그 애는 쌍둥이 중 맏이였다. 사람 기척이 잠잠한 밤이면 분침마다 깨어나 울어젖히기 일쑤였지만 눈망울 하나만은 지독히도 예뻤다. 못다 채운 잠을 메꾸어야 할 낮 동안도 온종일 바스락대느라 도무지 키가 크지 않았다. 잠 잘 자고 수월한 동생은 무럭무럭 자라나니, 둘은 크기도 모습도 생판 달라 따로 태어난 자매로 보일만 했다. 그런 중에도 이 별난 언니는 짧은 다리로 높은 데 오르기가 다람쥐였고 그림 퍼즐 맞추기는 나이에 비해 어렵고 복잡한 것도 순식간에 완성하는 재주를 지녔다. 고집 또한 황우여서 한 번 뻗치기 시작하면 온 식구가 두 손 들었건만, 나는 왜 그 광경이 살가웠는지 모르겠다.

"걱정하지 마라. 성깔 있고 기동적이니 한 아들 하지 않겠니?"

혹여 아쉬움이 남았을지 모를 며느리 마음을 격려한답시고 나도 모르게 속을 보였다. 왜소해서 모자라게만 보이는 한 아이에게 유별난 연민과 기대를 몰아주었으니, 막내에겐 공평하지 못했던 게 사실이다. 먼 산바라기같이 먹먹한 할미 노릇을 하고 떠나려 했는데 어느새 식구가 된 걸 보아 아무래도 너무 자주 들락거린 게 아닐까 싶었다.

그런 중에도 그 애의 포인세티아는 더 바쁘게 피고 졌다. 변화무쌍한 샌프란시스코 날씨에 맞추어 쌀쌀할 만하면 옆의 것보다 먼저 움츠러들고 물을 주기만 하면 성급하게 뻗어나느라, 잎사귀 끝이 검붉게 말리기 시작하며 고르지 못한 빨강으로 남기도 했다. 그렇게 만개와 조락을 열심히 반복하다 두어 달이 지난 어느 날, 달랑 한 잎만 남아 버티고 선 모습이 짤막한 키로 세상을 향해 발돋움하는 듯하여 안타까웠다. '제발 마지막 잎새가 되지 않았으면!' 기도한 덕분일까. 다행히 그 잎 하나로도 오랫동안 아침 인사를 잊지 않았으니, 내 마음을 그리도 잘 읽었나 싶다.

요즘 들어 그 아이에게 또 다른 변화가 생겼다. 서슴없이 안기던 할머니 할아버지를 오랜만에 만났는데 왜 새삼 부끄럼을 타는지 모르겠다. 이번 설날은 때때옷을 차려입고도 한 식경을 나오지 않아 세배를 받는데 진땀을 뺐다. 별나긴 해도 씩씩한 데가 있었는데, 이제 또 새로운 개성을 보태어 어렵게 세상을 마주하나 싶어 걱정이 불었다. 하지만 그토록 여러 가지 색조로 커가는 걸 보며, 언젠가는 제 나름의 진홍빛을 피우지 않을까 하는 희망의 마음이 앞섰다. 언니와 쌍둥이 동생에겐 미안한 얘기지만 그 애를 많이 사랑하는 것 같다.

11월이 오면 하나둘 피어나 성탄절을 밝히다가 봄이 오기 바쁘게 낙하하기 시작하는 포인세티아 잎은 사람의 손을 많이 타는 편이다. 추위와 바람을 꺼리고 밝은 빛과 온기를 원하는 그들 속성을 알고부턴, 그만 마당으로 옮겨 심어야 다음 결실을 보지 않겠냐는 남편의 제안이 마뜩하지 않다. 전문 사이트의 재생 방법을 참조하면 6월에 꺾꽂이해도 늦지 않으리란 소식! 사실 나는 훨씬 더 지나 또 하나의 크리스마스가 올 때까지 그대로 실내에 두고 싶은 심정이다. 자꾸만 곁눈질을 보내는 할미를 벗어나기 어려워, 아직도 피고 지며 실내를 밝혀주는 그들 트리오가 내 마음을 붙들고 있어서다. 큰언니는 큰언니대로 막내는 막내 나름으로, 그리고 아들 내외의 특별한 아이, 작은언니가 뿜어내는 붉은 빛이 예사롭지 않기에.

서울로 돌아갈 마음을 누르고 한 번 더 열정적 할미가 되어본 기쁨이 이런 것이었나 싶다. 오늘 아침도 정수한 물이 든 물뿌리개를 들고 세 손녀의 포인세티아로 다가선다.

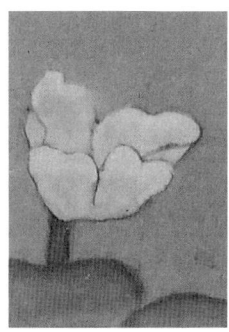

물들기 수업

　내 이름을 '흰머리 나무'라 불러도 될지 모르겠다. 깜깜한 머리카락 숲에서 하얗게 빛을 내는 나무가 되고 싶었으니 말이다. 새하얀 이빨처럼 드러내어 웃어보진 못했지만, 그에 못지않은 생명만은 노래하고 싶었다. 그런 내가 마음먹고 찾아든 사람은 인생 내리막길에 들어섰음에도 여전히 열정으로 불타오르는 여인이다. 단조로운 담갈색 머리 위에 처음으로 하이라이트를 얹었을 땐 그런대로 손님 대접을 받았다. 문제는 미세하던 내 뿌리가 바오바브나무처럼 왕성해진 것이었다. 뜬금없는 내 생명력이 부담스러워 냉랭하게 변한 그녀였으니, 그때부터 운명의 눈치 보기는 시작됐나 보다.

　젊음이 자기 것인 양 분주히 움직이는 그녀에게 어느 날 남편 되는 분이 넌지시 말해 왔다.

"물 좀 들이지 말아 봐, 모두 미안하기라도 하게…."

주인의 마음에 들고 싶어 안달이 난 내가 드디어 짙은 옷으로 갈아입는 행사를 치르고 난 후였다. 지나치게 힘을 준 나로 인해, 다른 식구들은 그녀가 어떤 노고를 치르든 아직은 젊어서 그러려니 하곤 무감동일 거라는 뜻이었다. 건강 상태도 점검하지 않고 시절 모르게 내닫는 에너지를 조금이라도 줄이려면, 변색한 나부터 힘을 빼줘야 한다는 의미이기도 했다.

나로서는 억울하기 짝이 없는 일이었다. 때로는 희멀겋기만 한 내 모습에 풀이 죽은 그녀를 회생시켜 발랄한 할머니로 만들고 싶었을 뿐인데 말이다. 아기들 이유식뿐 아니라 식구들 기호 음식까지 척척 만들어내곤 고만고만한 손주들과 소꿉놀이를 하며 뒹구는 그이를 보면, 나 또한 덩달아 신이 나곤 했다. 그뿐인가. 억지 시간이라도 내어 접어뒀던 글쓰기 판을 기웃거릴 땐, 새롭게 불붙은 그녀의 열정이 모두 내 변신 덕이려니 하며 으쓱했다.

"미안은 무슨" 하며 어물쩍 넘어가던 그이는, 우선 옆 친구와 따로 놀지 않는 내 모습이 기특하고 안심되었던 거다. 하지만 해가 어스름을 놓고 묵묵히 따르던 내 육신이 피곤한 반란을 일으킬 때면 숨어 있던 내 뿌리가 다시금 기지개 켜는 것까진 몰랐으리라.

지금 나 흰머리 나무는 아주 오랜만에 본디 모습으로 돌아와 버티는 중이다. 남편 되시는 분의 충고가 먹혀서만은 아니다. 이번엔 세상을 향해 발돋움하는 주체할 길 없는 생존 의지를 주인도 나도 아껴보고 있는지 모른다. 이제야말로 내 성장통은 공감을 얻으려나 보다.

희망도 잠시, 좀 더 확실한 눈치 보기가 시작될 줄은 몰랐다. 예전의 모습으로 돌아온 나를 두고 다시금 고뇌하는 주인을 훔쳐본 것이다. 쏟아지는 빗줄기에 그녀와 함께 멈춰 선 어느 빌딩 앞이었다. 유리문 너머로 반사된 나를 발견하곤 서서히 굳어가던 그녀의 얼굴을 잊을 수 없다. 여전히 환영받지 못한 존재라는 사실에 당황하여 나는 한 발짝 뒤로 물러섰다. 나만이 뿜어내던 희뿌연 광채마저도 빛을 잃고 비틀비틀했으니, 이방인의 춤인들 그토록 스산했을까. 내 위로 뿌려진 빗물을 눈물로 흘러내려 주인의 한숨으로 닦게 했으니.

그동안 너무 천방지축이었던 게 탈이었지 싶다. 까마득히 잊혔던 원래의 나를 옆 친구에게 알리고 싶어 훌러덩, 물든 옷을 벗어버린 것이 문제였다. "물을 들이긴 들여야겠군!" 이번엔 남편분마저 거슬렸던 모양이다. 그때 나를 어물쩍 걷어 올리며 얕게 뱉은 주인의 목소리.

"이번엔…. 좀 더 두고 보아야….";

이게 웬일인가, 후유! 나는 위기를 넘긴 비극의 주인공처럼 안도의 숨을 내쉬었다. 한편으론 자애로운 그녀의 손길이 황송하여 자꾸만 빠져나갔다. 그러자 내 속을 알지 못하는 그녀의 투덜거림이 안타깝게 이어졌다. "이렇게 뻗쳐 달아나지만 않아도 참아주겠는데…."

그저께였을까. 나와 주인은 사업으로 대성한 이웃 커플을 만날 기회가 있었다. 그때 나는 서너 살 연하인 여인의 정수리가 내가 피운 흰 가지들보다 더 많은 눈꽃으로 성황을 이룬 걸 보고 깜짝 놀랐다. 그 여인이 성공 사례를 읊을 때마다 자랑스럽게 찰랑대는 그들이었다. 옳지, 이때로다! 용감히 일어선 나는 경애하는 내 주인에게도 우리 종족의 고매한 역사를 귀띔해 주기로 마음먹었다.
"오래전 나와 내 친구들은 연륜이 깊은 사람들 머리 위에 훈장처럼 빛났다오. 하지만 지금은 그대의 동년배와 연하의 사람에게도 안착하여, 나름의 향기를 심어주지요."
내 세상이라도 만난 듯, 한 술 한 술 더 떠갔다. 우리들의 열정이 심장 저 깊은 곳에 피어나는 삶에의 사명과 만나는 한, 빛깔 따위는 문제 되지 않으리란 것도.

그렇담 애초에 '브리지트 바르도의 금발'처럼 당당히 나부꼈으면 좋을 뻔했다. 쫓기듯 물부터 들인 순간 내 정체성을 온통 잃었던 게 분명하다. 시도 때도 없이 찾아든 소심증탓에 새하얀 첫눈처럼 주인 앞에 서면 수줍어서 어쩔 줄 모르던 내 천성도 빼놓을 수 없겠다. 이즈음 들어 더 많이 씻기고 말리다간 한쪽으로 슬쩍 숨겨놓는 주인으로 인해, 'To be or not to be'로 나를 옭아매는 중이다. 어느 땐 어서 다시 진하게 물들고 싶은 마음만 울컥댄다. 단지 그녀를 행복하게 할 수만 있다면.

그런 속마음을 감추며 참아내는 동안 어쩐지 새로운 기운이 솟아나려 한다. 아무리 흰머리 종의 기원이 숭고하다 해도, 이젠 내 주인의 남은 미래부터 살펴드려야 할 것 같아서다. 우선 실같이 뻗어난 나의 길이부터 다듬고 영양 주어, 곱고 진하게 물들여 봐야겠다. 생각해 보면 그리 억울할 일도 아닌 것이, 한때나마 내 본디 모습에 기꺼이 눈도장을 찍어준 그녀 아닌가. 그걸 아는 지금의 나는 이제 어떤 옷으로 갈아입어도 개의치 않을 것 같다. 다시 한번 담갈색이 된 나를 버팀목으로 인생 제2 악장까지 멋지게 완성할 주인을 응원한다. 그때야말로 진정 노련한 흰빛으로 찾아와 '바르도'의 머리카락처럼 휘감기리라.

새벽 내내 내리던 빗줄기가 방금 그쳤다. 아침 햇살 드리운 희뿌연 내 뿌리로 하늘 향해 발돋움한다. 물들기에 더없이 좋은 날이다.

낯선 것과의 악수

그가 떠나던 날

　넘실대던 햇살이 불현듯 비를 몰아오던 12월이었다. 집 없는 한 사람이 샌프란시스코 집 이웃이 된 지 한 주일이나 되었다. 검은색 상·하 차림에 마흔쯤 된, 날렵하고 큰 키의 그가 하필이면 대문 앞에 천막을 치자 나는 덜커덕 빗장부터 걸고 봤다. 한창 일할 나이에 비닐 휘장만 들락이는 행동이 못마땅할 뿐 아니라, 햇살이 들춰낸 검붉은 얼굴과 날선 눈매가 께름직했다. 예전엔 한적한 곳에 허물어지듯 웅크린 이들 눈빛이 한없이 연약해 보였던 반면, 팬데믹 이후엔 이곳을 포함한 주요 도시에 아시아계 사람을 폭행하는 노숙자가 늘어난 터다. 문을 열고 나서기가 섬뜩해 틈만 나면 창문 새로 동태를 살피며 한시바삐 사라져주기만 바랐다. 하지만 나처럼 안락한 보금자리를 누리고 싶은 소망은 그도 다를 바 없었을까. 그 사람의 노숙은 천연덕스럽게도 이어졌다.

마닐라에서 오랜 시간을 보내는 동안 아이들은 미국 대학으로 진학했고, 남편의 은퇴와 함께 우리는 고국으로 돌아왔다. 시부모님의 마지막 생을 지켜드린 다음 그들과 합류한다는 것이 타계 후에도 10년이 넘게 머물렀다. 우리 둘은 마지막 쉼터를 확정하지 못한 채, 미국 사는 아이들 곁을 마치도 두 번째 개척지인 양 맴돌았다. 이번엔 드디어 정착하려 마음먹었을까. 둘째가 사는 춥지 않은 서부 이곳에 작은 집 하나를 물색했다. 남향으로 트인 거실 창은 보도에서 반 평쯤 들어 틀을 잡았고 앞으로는 매그놀리아 나무 한 그루가 그늘을 드리웠다. 주택이 몰려 있는 곳에선 약간 벗어났지만, 운전하지 않고도 상가 길로 접어들 수 있어 편리하기 그만이었다. 사흘이 멀다고 몰려오는 손녀들을 맞을 수 있게 아들네에서 10분 안쪽에 자리한 것도 커다란 복이었다. 그런 이곳에 고만고만한 이웃이라든지 새 주택이라도 들어서면 금상첨화일 터였다. 환상을 깨트리듯 전혀 다른 처지의 한 사람이 동행하게 되었으니, 마침내 주거의 꿈을 이뤘다며 기뻐하던 우리는 여간 우울하고 찜찜한 게 아니었다.

껄끄러운 눈초리에도 마음껏 세간을 펼친 그를 마땅찮게 여긴 건, 딱히 집 없는 사람을 무시했거나 혐오해서가 아니었다. 길가에 주차된 차량을 쇠 파이프로 내리치는 등, 도착한 날부터 내보인 광폭한 모습과 늦은 밤 난데없이 내지른 고성이 모처럼 누리려던 노후의 평안을 깨트렸기 때문이다. 원치 않는 제비를 뽑듯 마주하게 된 그 사람의 참담한 정황이 다시 한번 인간 세상의 불평등을 부각해 주어 몹시도 불편했다. 어른은 물론 할머니로까지 승격했는데도 여유롭긴 고사하고 움츠리기만 하던 내 모습도 마뜩잖았다.

초등학교 때의 나는 그 시절 우리가 그러했듯 가난한 사람들을 보면 애달파하던 여린 아이였다. 우리 집 바로 맞은편엔 굴뚝 연기가 시커멓게 피어오르고 버터 냄새가 코를 찌르는 빵 굽는 집이 있었는데, 그 단칸방엔 식구들이 넘쳐났다. 가끔 머리에 하얀 밀가루 수건을 쓴 엄마를 데리고 한 아이가 걸어 나왔는데, 좁은 데서 형제들과 엉키느라 공기조차 비껴갔는지, 가무잡잡한 얼굴엔 언제나 하얀 버짐이 피어 있었다. 나중에 그 아이를 반에서 만났을 때 나는 차마 얼굴을 마주하지 못했다. 바로 앞에 있는 우리 집에서 나만 넓은 방을 누린다는 사실이 불편하고 미안했다.

그 친구와의 차이에 대해 아무것도 하지 못해 미안한 마음만 오롯하던 그때의 내 모습은 어디로 갔을까. 두꺼워진 세월과 반비례한 감성은 무례할 만큼 얄팍해졌다. 주택에서 6피트 내로는 천막을 불허한다는 노숙법까지 찾아내곤, 마치도 대단히 부당한 일을 당한 제소자처럼 탄원의 전화까지 넣었을 정도였으니 말이다. 거기 덧붙인 노숙인의 죄명은 위태로운 제스처와 마약 흡입 장면이었을 뿐, 이틀 전부터 부러진 자전거를 고치는 등, 그저 보통 사람이었음에도 애써 그걸 외면했다.

상황 설명을 들은 관리처의 대답은 위험 순위 첫 번째에 올리겠다는 단 한마디였을 뿐, 웬만하면 참고 넘어가 주길 바라는 눈치였다. 도면으로나마 6피트를 벗어났고 아직 큰 사고까지 생기진 않았으니, 노숙자와 약물 흡입자에게 자비롭기로 유명한 이 도시로선 느슨할 만도 했다. 머리로는 이해하면서도 가슴으로 공감이 안 된 나만이 문제여서, 어서어서 빗줄기라도 내려 언제 다시 포악할지 모를 그를 데려가 주기를 바랐을 뿐이다.

마음은 그러나 알 수 없는 곳으로도 흐르는 법. 새파랗던 위기의식도 숙어 들 때가 있었던가 보다. 만약 영원히 떠나지 않을 시엔 어찌 됐건 동행해 보리라 용기를 내보기도 했으니 말이다. 다만 할머니를 만나러 올 내 어린 손녀들이 무사히 그 길을 지나올 수 있도록, 성탄 저녁만이라도 조금 멀리 떨어져 주었으면 했다. 이웃이라면 맹견도 쓰다듬는 아이들이 선뜻 손을 뻗다 새총 같은 그의 눈매에 놀라지 않기를 바랐다.

만약 그가 난폭하지 않고 마약 따위도 거들떠보지 않았다면, 또는 내게 인종 차별에 대한 두려움이 없었다면, 금단의 6피트를 허물 수 있었을까. 가난한 이웃을 돌보라시던 성인의 탄생 달에 던져진 원초적 물음이었다. 운이 좋아 집을 지니게 된 나와는 다른 그 사람을 옛날 그 아이처럼 연민으로 감쌀 수 있었다면, 조금은 평안했을지 모르겠다.

여드레째 되는 날 새벽, 커다란 쇠가 부서지는 듯한 굉음이 설익은 잠을 깨웠다. 밤새 비가 내렸으니 혹 못 견뎌 천막을 부수고 떠나려는 걸까. 창문 틈새로 눈을 대고 대문 옆 담벼락을 훑었다. 그럴 리 없었다. 꿈쩍 않던 사람이 그리 쉽게 떠날 리가 없을 터였다. 마침내 내 마음속에 콩알만큼 비집어 든 선심도 덧없이 소멸하면 안 되는 일이었다. 희망 반 절망 반으로 문을 열고 내려서자, 비 걷힌 뒤의 말끔한 햇살이 그가 떠난 빈터를 맴돌고 있었다. 남편과 나는 황송한 마음으로 그 길을 딛고 얼마간 멈추었던 산책길을 돌았다. 영원히 풀지 못할 숙제를 마침내 풀어낸 것 같은, 그래서 세상을 다시 얻은 것 같은 새로운 아침이 시작되고 있었다.

그때 문득 도둑고양이처럼 등을 훑고 가던 한 줄기의 서늘함을 어찌하면 좋았을지 모르겠다. 안도의 숨을 내쉬는 우리와 달리, 어디선가 찬 바람에 방황할 그의 모습이 너무도 투명하게 떠올랐으니 말이다. 내 속을 알아본 남편 역시 말없이 걷기만 했다.

집으로 향하는 길로 접어들자 새로운 일이 기다리고 있었다. 이번엔 복덩어리 내 보금자리가 허허로운 벌판에 난데없는 침입자처럼 서 있는 것이 아닌가. 그 길은 옆집 한두 채를 제외하곤 건너편 성당 뒷담이랑 오른편 콘도 뒷벽이랑 온통 집 없는 자들의 쉼터로 제격이었다. 도리어 우리 집이 그가 살고 갔던 자리를 6피트 가까이나 좁혀가고 있었다. 아니, 이런 진실을 만나려고 마음이 그토록 산란했었나 보다.

남편과 나는 겨울이 시작됐는데도 푸르게 피어난 나뭇잎을 보며 그의 안녕을 빌었다. 측은지심이란 참으로 인색하기도 하지, 내 옆에 정착하려던 그 사람의 평화는 어쩌라고 그리 늦게 찾아왔는지 모를 일이었다.

그가 떠나고 없는 아침, 옛적 그 가무잡잡하던 아이의 단칸방과 밀익는 냄새를 뿜어내던 굴뚝이 다가왔다. 그때 만약 그와 형제들을 불러 모아 휑한 내 방에서 옹기종기 설움을 나누었다면 어땠을까.

며칠 후 새벽이었다. 응답하듯 또 한 명의 노숙인이 대문 앞 계단에서 자고 갔다.

한 박자 빠르거나 느리거나

서산 끝에 걸렸던 해가 한 박자씩 몸을 낮추며 내려간다. 저녁의 여신은 평화를 드리우고 하루의 끝자락은 이름할 수 없는 감사로 충만해진다. 며칠 전에 삐걱대던 팔다리도 오늘 하루 가볍게 동무해 주어 신기할 따름이다.

감회도 잠시, 허둥지둥 주방 턱을 넘나들다 오른쪽 무릎을 크게 부딪친다. 서두르는 병이 돌아온 거다. 한 박자를 쉰다고 해서 세상이 멈추는 일도 없으련만, 이 간단한 진리를 그리 어렵사리 기억하는지 모르겠다.

오래된 나의 병증, 한 박자 빠름이 빚었던 며칠 전의 일화가 떠오른다. 헬스장에서 내키지 않는 스트레칭을 마치고 귀가하던 오후였다.

스스로 포상이나 하듯 눈앞의 백화점으로 들어가 한 바퀴를 돈 것까지진 좋았다. 문제는 제비보다 더 빠르게 걸어가다 절대로 부딪치면 안 될 어떤 것과 부딪칠 뻔한 거다. 눈 깜짝할 사이에 나는 무엇이든 여과하는 투명 인간이 되었나 보다. 앗! 하는 다급한 소리가 귓전을 때렸을 땐, 내 몸은 이미 그 사람으로부터 1미터 앞이나 내달아 있었다. 곧이어 화살같이 날아온 한마디가 홀 안을 메웠다.

"이 아줌마가 미쳤나!"

우선 그 정도의 타박이면 스스로 연유부터 유추해야 했다. 하지만 당황한 나는 돌아서서 소리의 진원지를 따라가기 바빴다. "이보세요!" 다급하게 부르는 내 목소리에 한두 살쯤 된 여아의 엄마와 이모인 듯한 여인이 흠칫 돌아봤다. 고작 내 딸 또래인 그들 앞에 서자 울컥 설움 하나가 고개를 내밀었다. 버릇도 없이 그런 말로 공격하다니…! 그때, 미안함으로 가득 찬 아이 엄마의 눈이 머뭇거리며 다가오는 게 보였다. 그래서였다.

"실수로 아기를 못 보았는데, 표현이 좀….."

한 박자 늦춰진 내 투덜거림이 서투르게 끝을 맺은 건.

"제가 사과드릴게요, 미안합니다!"

한 박자 먼저 화해의 눈으로 바라봤던 그녀가 이번에는 다소곳이 노래하듯 말해 왔다. 화사한 얼굴에 계면쩍은 웃음까지 피어난 걸 보아, 자신도 모르는 사이에 내뱉은, 본인답지 않은 실언에 당황했나 보았다.

서둘러 책망하러 간 내 의도는 어느새 나래를 접고 말았다.

 항간에는 이 시대 젊은 여성을 두고 그들의 예의 없음을 거론한다. 나 또한 그런 사조에 동의하며 그들에게 알지 못할 두려움을 느껴왔다. 우리 모두 자신의 딸아이를 그 무엇과도 바꿀 수 없을 만큼 귀하게 키웠기에, 철없음이 만연하는 것 또한 자연스러운 일이려니, 세태가 다 그런 것이려니 자조하면서 말이다.
 그런 섣부른 결론이 이때만큼은 멈칫거렸다. 문득 아이 엄마가 애잔하게 다가오며, 진정 내 편에서 화를 낼 일이었을까? 라는 완만한 곡조를 탔으니 말이다. 해 맑은 아기 엄마의 미소가 이전의 안일한 독선을 말끔히 지워준 게 틀림없었다.

 그때, 기억의 CCTV가 뒷받침이라도 하듯 조금 전의 장면을 재생하기 시작했다. 아장아장 걸어오는 아기를 성급한 내 몸뚱이가 황야의 무법자처럼 덮치려 하지 않는가. 일촉즉발의 순간에도 내 초점은 먼 곳으로 질주하고 있었으니.
 이쯤 되면 훨씬 더 모진 소리를 들었다 해도 유구무언일 터였다. 위기에 처해 악의 없이 터져 나온 아기 엄마의 한마디에 서둘러 떼쓰러 간 내 성급함이 떫은 감처럼 되새김질해 왔다. 그나마 다행인 건, 소 잃고 외양간 고칠 뻔했던 내 성급함을 이때만큼 뼈아프게 질책한 적이 없었다는 것일 거다. 의외의 소득이란 이런 걸 두고 말함일까. 아이와도 엄마와도 크게 부딪칠 뻔하다 서로가 살짝 비껴간 날, 남은 나의 하루는 어느새 몇 박자 전의 평온한 일상으로 돌아갔다.

오늘 저녁 또 한 번 서두르다 찧고 만 무릎을 다독이며, 자칫하면 놓쳐버렸을 아이 엄마의 미소를 떠올린다. 참하디참한 뒷모습도. 서산 밑으로 걸음을 내딛던 해가 한 박자를 늦추며 흘려준다. "이젠 됐어. 남은 저녁은 서두르지 않아도 좋아!"

셰퍼드와 미개인

 엘리베이터 안으로 들어서자 검푸른 섬광 하나가 내게 꽂혔다. 공포영화에나 나올 법한 커다란 견의 동공이었다. 초점을 피하며 딴전을 피우는 내게 움칠하는 태세가 금방이라도 뛰어오를 듯 살벌했다. 사람의 생명을 위협하는 자연재해가 반드시 지진이나 홍수만은 아닐 듯했다. 애완용이라기엔 외람되리만치 함량 초과인 셰퍼드 하나가 공간을 메운 순간, 목줄만 잡고 딴전을 피우는 주인마저 위험천만해 보였다.
 그런 종류의 섬뜩함을 얼마 전에도 만났던 것 같다. 내가 거주해 온 샌프란시스코의 아파트엔 바다 빛 소파가 고즈넉한 커뮤니티 방이 있었다. 왁자지껄하니 몰려왔던 손녀들이 썰물처럼 물러간 뒤, 슬그머니 미끄러져 고단함을 녹이던 공간이다. 털썩! 하고 앉으니 열 평 남짓한 방이 온통 내 세상인 듯했다. 흐릿하던 조명이 서서히 밝아 와, 미리 진을 친 방문객을 알아차릴 때까지만 해도.

 사람만 포용할 줄 알았던 인위적인 공간에 자연 그대로의 물체 한 덩이가 범람하고 있을 줄은 몰랐다. 잠깐이라도 바라보기 어려울 야성의 눈이 내 옆얼굴을 쏘아보는가 하면 길고도 날렵한 혀가 귓전에서 늘름거리고 있었다. 곁에서 목줄을 쥔 채 명상에 잠긴 인도 여인의 애완견이었다. 텃세를 부리듯 냉담한 그 둘에, 그 황량함에, 어쩌다 불손한 침입자가 된 나는 으스스 몸을 떨고 만 것이다. 마치도 그들 세상의 유일한 미개인이 나인 것처럼.

 그때까지만 해도 내가 사랑한 샌프란시스코의 풍경이란 여릿여릿한 것들이었다. 새벽 공기와 함께 밀려드는 이슬의 촉촉함, 해님이 비추는 물 위의 집, 띄엄띄엄 보도를 점찍는 산책자들의 발자국과 나무 아래 멈춰 선 태극권 동작. 또는 하룻밤을 지새우다 떠나버린 노숙자의 체취와 큰길 너머 목청 돋우는 병든 자의 혼절할 듯한 말 말 말. 그러곤 그것들을 휘몰아 가는 교외선의 경적과 속절없이 떠도는 구름과 안개. 그랬다. 그 텅 빈 자연은 허무한 듯 해탈한 철학자의 모습으로 거기 서 있어 밤톨처럼 깎여진 세인世人 하나를 정화하지 않았나.

 가당치 않게 몸을 도사리게 만든 셰퍼드와 주인을 만나게 된 일진이 억울하기만 했다. 마땅히 쉬어 가야 할 장소에서 나만 되려 찬밥이 되었다니 있을 수 없는 일이었다. 하는 수 없이 여인을 노크했다. 사람들의 문화적 공간에 사람 아닌 다른 것이 그렇게 큰 자리를 차지할 수 있느냐고 물었을 것이다. 그때 놀라지도 않고 당당하게 마주한, 동서양을 뛰어넘은 한 여인의 말간 눈을 잊을 수 없다. 곧이어 던져 온 "영원한 합법성에 웬 비합리적인 투정이냐"라는 자신만만한 한마디도. 그때 그이는 체구마저 애완견의 거대함을 닮은, 내겐 그저 백 퍼센트 이방인이었다. 아, 여태껏 일어나지 않은 얼마나 많은 놀라움이 우리 앞에 놓일 것인가! 우리 둘은 짧은 눈싸움을 치르며 곧바로 헤어졌는데 그건 잰걸음으로 문을 닫고 나온 나 때문이었다.

사실이지, 도시 전체가 애완견의 왕국이 된 건 오래전부터였지 싶다. 한 가구당, 아니 한 개인당 식구가 늘었다 해도 과언이 아니다. 이른 새벽부터 주인과 마라톤을 시작하는 견공들이 있는가 하면 이슥한 밤까지도 비슷한 행진이 이어졌는데, 그 모습이 마치도 동물원의 원숭이 숲을 보듯, 낙타 무리를 데려온 듯, 아니 사자 떼라도 몰려온 것처럼 천태만상이었다. 상상의 저편에 있던 자연 한 자락이 동물의 모습으로 발현한 듯, 기이하기 짝이 없는 그 창조물들은 애완견이라는 이유 하나만으로 그저 예쁜 대상이었다. 나마저도 아침 산책에 나선 미스터 불도그에게 착한 인사를 건넸을 정도였으니 말이다. 관심 잠깐 주었을 뿐인데도 함박웃음이 피던 자식 또래, 우리 또래, 또는 외로운 상노인들.

그들에게 커다란 재산이라도 보태준 듯 당당하게 걸어가던 애완견들은 한편 방치되었다면 도태하고 말았을 우리 옆 자연이기도 했으니…. 운 좋게 선택되었다곤 하나 마음껏 달리지도 못하고 목줄에 묶여 주인을 기쁘게 하기 바쁜, 깜박거리는 두 눈이 처량하고 갸륵하지 않은가. 내게 찬물을 끼얹은 셰퍼드 군만 한시바삐 퇴출해야 할 위기였을 뿐.

내친김에 관리소를 들러 금지 사항 등을 캐물은 내게 돌아온 대답, 역시 예상대로였다. 애완견인 이상, 위협의 대명사 같던 그 셰퍼드 또한 문화적 공간을 누릴 수 있다 한다. 어이없는 백기를 들기까지의 시간은 그렇게 얼마 걸리지 않았던 거다. 이제라도 큰소리치고 나온 방을 찾아 화해의 손길을 뻗어야 할 듯. 그런데도 부당한 기분만은 여전히 가시질 않았다.

그때였다. 빌딩 창문 밖으로 작은 공원 하나가 눈에 들어왔다. 그곳엔 방금 목줄 풀린 견공들의 경주가 벌어지고 있었다. 들풀처럼 들러리 선 주인들을 따로 두고 한 묶음의 스타가 날아다니는 중이었다. 기차보다도 빠르게, 기름 떨어진 제트기보다 유연하게! 아주 오래간만에 되찾은 본연의 춤인 듯했다. 일 년여에 걸쳐 울타리를 채비한 잔디밭 하나가 그들만의 놀이터로 지어진 덕분이었다. 망아지만 한 사냥개와 깜빡이 인형 같은 스피츠가 엉키고 태클 걸며 종횡무진으로 달리다간 넘어지고, 세상에 그런 환희가 없었다.

파스칼이 지적한 대로 인간은 어쩌면 자연의 중재자였는지 모른다. 천연동물인 저들까지 끌어들여 무언의 대화를 시도한 선구자들을 인정해야 할지. 지금쯤 부자유스러운 목줄에 매여 한없이 나약해지고 있을, 결코 나를 침범해 오지 않은 조금 전의 셰퍼드와 미개한 내 질문에 놀라워하던 주인에게 위로의 노크를 하지 않을 수 없게 됐다. 문을 열자마자 애처롭게 바라보는 녀석의 한 꺼풀 풀린 눈! 나는 서둘러 말을 한다. "사과합니다! 제가 규칙을 잘못 안 겁니다."

그때, 더듬이 같은 내 변명보다 한 걸음 앞서 들린 명징한 소리가 있었다. "우리가 나가 드릴까요?" 스스럼없던 자연의 중재자, 인도 여인의 또 다른 견해였다. 조금 전까지만 해도 맹목적이던 우리 셋은 서로서로 문명의 눈을 껌벅이며 화답했다.

그레이스 켈리 할머니의 놀이터

때늦은 여름이 놀이를 부추기는 샌프란시스코의 시월이다. 블라인드가 걷힌 아침 창 너머로 집 앞 놀이터가 눈인사를 보내오는가 하면, 밤새 내린 비에 말쑥해진 놀이기구가 할리우드의 세트장처럼 반짝인다. 디즈니랜드를 축소한 듯 아기자기한 이곳에 거의 매일 한 트럭의 아이들이 다녀간다. 손녀들에게 그네를 밀어주는 날이면 시큰거리기 일쑤인 내 허리와 달리, 도무지 이 놀이터는 탈이 나서 쉬는 법이 없다.

그늘과 햇빛이 짓궂은 신들의 장난인 양 번갈아드는 놀이터 한가운데에 오전 9시를 알리는 종소리가 울렸다. 바둑알처럼 고만고만한 아이들과 긴 머리의 새내기 엄마들, 무엇보다 운동화 차림의 할머니들이 기다렸다는 듯이 포진하기 시작했다. 챙 넓은 모자까지 눌러쓴 걸로 보아, 햇빛이 머리를 데울 때까지 놀고 갈 모양새였다.

　할머니들이래야 역시 새내기일 뿐이어서, 바람처럼 달아나는 꼬마들 따라잡기가 여간 어려운 게 아니었다. 소싯적처럼 거침없이 달려 나가다간 엉덩이를 삐끗하거나 발목이라도 접질려 그나마 건사하던 근력마저 잃어버리기가 십상이었다. 혈육이라는 끈끈한 고리와 임시 돌보미란 사명으로 나비처럼 펄럭이는 그들 위로 바닷새 한 쌍이 굉음을 터뜨리며 날아갔다.

　놀이마당은 그렇게 햇빛이 그늘을 따 먹을 때까지 타올랐다. 얼마나 후끈후끈 달아올랐는지, 오늘은 방문할 계획이 없다는 손주들 말에 노트북을 안고 누웠던 나마저 끼어들었다. "여기 홀가분한 할머니 하나 추가요!"

　그때 새로운 광경이 벌어졌다. 서쪽으로 난 울타리 문을 젖히고 제비 같은 여인이 내 손녀 또래 사내아이를 이끌고 나타났다. 또박또박 걸어오는 하이힐 걸음새가 『보그』 잡지 모델처럼 꼿꼿해서 옆에 가는 아이가 휘청거렸을 정도다. 깃을 세운 흰 블라우스의 군살 없는 어깨는 검정 청바지의 늘씬한 다리로 완벽한 팔등신을 이루었고, 부드럽게 부풀린 금발 머리와 높다란 콧날 위 선글라스는 꿈을 꾸듯 하늘로 들렸다. 그런데 아뿔싸! 내 옆을 지나칠 때 입꼬리에 흘린 미소와 프로파일이 클로즈업된 순간, 어김없이 주름이 밴 또 하나의 할머니를 발견했으니.

곧이어 놀랄 일이 일어났다. 세월 자국이 겉으로만 스쳤는지, 아이를 어르거나 미끄럼틀에 올리는 동작 하나하나와 목소리는 여느 할머니와 천양지판이지 뭔가. 우아하기가 왕족 같고 상냥한 목소리는 뮤지컬의 한 가락처럼 리드미컬했다. 뛰노는 아이를 지긋이 바라보는 눈시울의 고귀함 또한 어디서 본 듯 친숙했다. 그랬다. 내 추억의 뇌리에 신비한 모습으로 각인된 그 사람, 그레이스 켈리의 눈을 닮았다.

기이한 한판이 벌어진 건 그때부터였다. 갑자기 그 할머니의 따로 놀이가 시작된 거다. 기다리던 그녀 차례가 돌아오자 덥석 아이를 올리더니, 푸르고 드높은 하늘을 향해 두 손을 흔들며 걸어간다. 그녀에게 아이는 이제 놀이 프로그램 중의 하나가 됐을 뿐이다. 빙그레 한 바퀴를 돌고는 멀리 떨어진 식수 터를 향해 천천히 전진한다. 핸드백을 털어 소지품을 정비하곤 간이 식수대로 다가가 천천히, 할 수 있는 한 느릿느릿 물줄기에 입을 댄다. 살뜰히 보살펴야 할 할머니 임무는 어디론가 던져놓고, 혼자 평화롭게 하늘 한 번 올려다보고 땅 한 번 굽어보고, 금방 돌아올 기색이 없다. 순식간에 보호자를 잃은 아이는 다행히 모범생 할머니인 내가 잡고 있어선지 놀라거나 슬픈 얼굴이 아니다.

놀라운 일은 내게도 일어났다. 그 사람의 일탈을 숨죽이고 바라보는 동안, 불온한 사상가처럼 외경스럽던 그녀에게서 신선한 라일락 향기가 번져온 거다. 잠시 후 돌아온 그 사람은 아무 일도 없었다는 듯 아이를 건네받더니 들어온 문을 향해 유유히 걸어 나갔다. 멍하니 바라보는 내게 오래된 친구처럼 눈인사를 껌벅이며.

문어귀에서 합류한 수수한 차림의 며느리에게 아이를 넘기곤, 그 옆에서 다시금 모델처럼 걸어가는 그이의 얼굴은 들어올 때보다 더 다정하고 행복해 보였다.

아무것도 알지 못하는 아이 엄마가 고맙다며 인사하는 순간, 유례없는 할머니의 방임을 기억하는 사람은 나와 그이 그레이스 켈리뿐이었다. 막중한 임무에도 자신만의 시간을 할애하고 만끽하던 오늘의 주인공. 서툰 것 같으면서도 유능하고 무심한 것 같으면서도 본분을 다하던 멋진 배우이자 여왕이 거기 있었다.

나 또한 가끔은 그런 할미 되기를 꿈꾸었을지 모른다. 아이를 돌보는 일이 끝없는 놀이라면, 삶의 순간들이 영원히 회귀하여 반복되는 연속의 장이라면, 운동화 차림의 맹렬함만 아니라 하이힐의 한 뼘 여유여도 좋을 일이었다. 두 팔을 하늘로 뻗고 걸어가며 할머니 되기에 휴식을 줄 줄도 알았어야 했다. 그런 일탈이 내게도 미소를 보내오자, 뻐근하게 조여 오던 허리에서 매듭 풀리는 소리가 들려왔다.

불쑥 시간을 털고 집으로 향하는 길, 그래선지 시판용, 가뿐한 저녁 거리를 준비하는 이웃의 검박한 냄새가 친숙하다. 새로운 경험으로 일상의 무게가 몇 그램이나 할인된 날, 내 한 끼 저녁이야 건너뛰어도 좋으리라.

햇빛도 그늘도 어스름으로 돌아간 시간, 내일 또 문을 열 놀이터에 '또각또각' 켈리 할머니의 하이힐 소리가 울린다.

낯선 것과의 악수

또 하나의 봄이 어깨를 펴고 인사를 해왔다. 기나긴 동장군을 이기고 온 장사를 두 팔 벌려 환영해야 하건만, 도무지 감흥이 일지 않았다. 가슴을 열고 생명의 온기를 맞으려 해도, 속세에 내려온 수도승처럼 편안하지 않았다. 창틈으로 스며든 풀냄새가 특별나지도 않았고, 언덕 위 개나리 웃음도 어설프기만 했다. 돌이켜 보니 겨우내 묻혔던 꽃씨에 태교의 노래 한번 불러주지 않았던 것 같다.

혹독한 칼바람이 자취를 감춘 지 오랜데도 계절의 상냥함을 못 알아본 건, 마음 자락이 두꺼운 외투로 묶여 있었던 탓인지 모른다. 문화센터도 한몫했다. 요일마다 빼곡 채운 강좌들이 숨통을 조인 일상이었다. 길섶에 돋아난 새순들을 바라볼 사치란 꿈도 꿀 수 없었던 게다.

집 안에서만 맴돌던 내가 바깥세상으로 내딛게 된 동기가 '가족'이었다 말한다면 옹색한 변명일지 모르겠다. 아무튼 그들 모두가 내 일탈에 방아쇠를 당겼던 건 사실이다. 식구들 언저리를 뱅뱅 돌며 살아온 걸 큰 과업이나 이룬 듯 뿌듯해하던 날이었다.

"인제 그만 놓으면 안 될까?"

연전에 내가 생일 선물로 사준 기타를 덩그렁! 하고 당기던 남편이 말해왔다. 함께 세월을 읊어가는 데 이력이 났는지, '남이야'라는 어휘를 쓰기도 했다.

"엄마, 뭐라도 자신의 일거리를 찾아봐!"

저를 낳았을 적 내 나이를 훌쩍 넘은 딸아이는 뭐가 그리 바쁜지 주말에만 통화하자고 통보해왔다. 소식이 뜸하던 아들도 제 짝 얼굴을 대동하고서야 화상통화에 떴다. 그들이 귀띔해 준 엄마 일 찾기나 엄마와의 거리 두기는 평생 내 룸메이트가 그리 쉽게 말해온 '남'이란 단어와 함께 철썩! 등을 때렸다. 갑자기 내 일을 찾으라니, 대관절 어디에 있는 낯선 물건인가 싶었다. 그들이 우선순위 일 번이 되고 내가 그들과 하나 된 이래 따로 내 일이란 걸 생각해 본 적이 없다.

아마도 빈 둥지 인생이 시작되고 있었던 게다. 그런데도 그들이 놓으라는 걸 더 붙들고 매달렸다. 사랑 혹은 애증이라 이름 붙여진, 그건 도저히 무너뜨릴 수 없는 울타리였고 손을 놓으면 천 길 아래로 떨어질 단 하나의 버팀목이었다.

하지만 영원한 것은 아무것도 없다는 말씀은 진리였다. 어느 날 나는 끄떡도 하지 않는 고집불통 내 모습이 낯설어 흠칫했다. 그걸 완충이나 하듯 '그래 좋아, 반쯤은 놓을 수 있어.' 호기마저 일었다. 마침내 새로운 길을 찾아 나서야겠다고 다짐했을 땐, 나의 부재 시 아쉬워할 식구 셋이 생각나며 신바람까지 났다. 이제부턴 찾아도 전화해도 꼭꼭 숨고 말리라! 비밀스러운 계획이 달콤하기까지 했다. 남들이 이때쯤 시작한다는 취미들을 향해 나아가기 시작한 것이다. 중이 고기 맛을 알면 멈출 수 없듯, 애꿎은 몸을 한도 없이 이끌고 다녔나 보다. 넘실대는 피로에 엎혀 든 건, 집에 두고 온 절반의 본분도 감당할 수 없으리란 두려움이었다.

아마도 난파되기 직전이었을 거다. 때맞추어 만난 글쓰기란 새 항로가 여타의 기지들을 돌려세우는 데 일조했다. 기특하게도 일상을 기록해 보고 싶은 열망 하나가 고개를 들었다. 가뿐해진 내 핸드백엔 메모지와 볼펜 부딪치는 소리가 찰랑거렸고, 비로소 나는 이전에 아껴두었던 나의 길을 내딛게 됐다.

드디어 형식과 내용을 갖춘 첫 글을 완성했다. 하지만 퇴고하며 다시 보니 놀랍게도 한 줄 한 줄이 초고를 썼을 때보다 훨씬 더 낯설지 뭔가. 혼자서 읽고 또 읽는 동안 신선하던 의미는 사라지고 없어, 어설픈 넋두리를 대하는 듯했다. 그나마 다행스러운 건, 개성이 다른 독자들로부터 그럴싸한 합평을 듣게 될 일이었다. 설익었던 봄이 만개를 시작한 날, 특별한 그 시간을 기다리던 나는 마침내 내 일을 찾은 듯 두둑한 기분이 되어갔다.

 그때처럼 내 글이 읽혀질 날이 다시 온 것 같다. 찻길로 내려가는 길목에서 웃고 있는 철쭉 한 뭉치가 뭉클하다. 잊었던 봄노래도 들려오는 것 같다. 나는 잠시 멈추어 사랑하는 가족들의 난데없는 건의와 성의 없이 마주했던 낯선 것들에게 화해의 악수를 청한다. 설렘과 수줍음을 동시에 던져준 수필에도 손을 내밀어 본다. 쓰기를 두려워하면서도 쓰고만 싶던 육십 후반, 내가 꼭 남이 된 것 같아 쑥스럽기만 하던 햇병아리, 나는 해묵은 코트의 깃을 세우며 흥얼댄다. "낯설어도 괜찮아!"

그날은 두유 빛이었네

하늘이 오월답지 않게 찌푸린 날이었다. 택시가 동호대교에 들어서자 소나기까지 퍼부어댔다. 앞 차가 제자리걸음을 이어가는 동안, 뿌옇게 흐린 차창을 향해 한숨을 내리 쉬던 기사 아저씨가 고민거리를 털어놓기 시작했다.

"글쎄 백옥 같을 줄 알았던 제 인생이 그만 모호한 색깔이 됐지 뭡니까."

그렇게 말하는 뒷모습은 그의 고백 못지않게 쓸쓸했다. 갑작스럽게 던져온 하소연에 아무 대꾸를 못 했지만, 난데없는 빛깔 타령만은 어떤 추억을 떠올리기 충분했다.

나에게도 사춘기 시절, 내가 그리는 매일은 새하얀 도화지 위에서야 한다고 생각한 적이 있다. 한 점 티끌이 없는 곳에서 펼치는 세상엔 깨뜨릴 수 없는 평화가 있으리라 여겼다. 사모하는 영어 선생님은 동화 속의 범접할 수 없는 왕자여야 했고, 한밤에 오가던 짝과의 편지는 거짓 없는 마음의 증표여야 했다. 열다섯의 소녀들은 새로 씌운 이불 홑청이나 풀 먹인 교복의 깃처럼 순백이어야 해서, 우리는 대청마루에 나란히 누워 서로의 하얀 얼굴에 우리만의 그림을 그리곤 했다. 푸르른 하늘은 지고한 미소로 속삭였다, 그런 꿈은 우리 곁에 영원할 수 있다고.

 소녀는 점차 어른이 되었고 그때의 하얀 종이도 파스텔 색조로 채색되어 갔다. 단 한 가지, 즐겨 먹던 친정집 곰국의 투명한 빛깔만은 여전히 남았다. 학창 시절 고향 집으로 내달아 식탁에 앉을 때면 놋대접에 담겨 나오던, 하얗다 못해 파르스름하던 그 우윳빛 말이다. 깐깐한 할머니로부터 어머니에게로 전수된 친정집 곰국에는 재료들이 융합하여 완전히 용해된 후의 청정함이 있었다. 후추 없이 소금만 약간 넣어 후루룩 마시면 입천장에 남아도는 그 맛이 깨처럼 고소했다. 할아버지와 할머니 그리고 아버지께 큰 주발을 올리고 오빠와 남동생들 넉넉히 부어주면, 남은 것은 엄마와 나와 여동생에게 반 그릇씩 돌아왔다. 그때 그 상쾌한 느낌은 백색 종이 위에 그려진 청명한 하늘을 닮아 있어, 나는 입맛을 다시며 한참씩 밥상 앞에 머물곤 했다.

 그 여운은 훨씬 더 어른이 되어서도 내 곁을 떠나지 않았다. 해외에 체류하는 동안 타지 음식에 지쳐 한국 식당을 찾았을 때도 웬만한 곰탕 메뉴는 시키지 않았으니, 하얗디하얀 그 순수를 깨뜨리고 싶지 않았나 보다.

몇 해 만에 고국을 찾은 무더운 여름이었다. 공항에 도착한 내가 옛 추억을 꺼내 들고 들떠 있을 때였다. 동생들의 전화로 아버지의 모습이 초췌한 형상으로 바뀌었다는 소식을 듣고 말았다. 아버지는 내 소녀적 꿈이 머물렀던 최고의 예술이자 최상의 곰국에 가까웠던 분이었는데 말이다.

대문 앞 스산한 기운과 정원을 에워싼 회양목의 신음이 발걸음을 재촉했다. 현관문을 들어서자, 마루 한가운데 침상 위엔 예전 초능력자 같던 아버지가 지금은 귀가 잘린 고흐의 초상화처럼 앉아 있었다. 내가 해외로 떠난 후 풍을 맞아 그리되셨다 한다. 내게 고고한 빛으로만 기억되었던 그분은 놀랍게도 자연의 섭리에 몸을 내주며 퇴색해 있었다. 섬세하던 영혼 또한 흐려졌는지, 초점 없는 눈빛은 썰렁하기만 했다. 항시 있으리라 믿었던 그와 나의 자리는 한낮에 잠깐 왔다 사라지는 빗줄기였을까. 넋을 놓고 점심상을 받았을 때, 간병인이 들고 온 개다리소반 위엔 예의 그 곰국이 덩그러니 놓였다.

오랜만에 딸을 만났으나 반가운 말도 잊은 채 아버지는 수저 위의 죽을 연신 흘리셨고, 힘이 빠진 어머니와 마주 앉은 나는 예전의 곰국 맛을 찾아 숟가락을 휘저었다. 맛은 고사하고, 이번엔 걸러지지 못한 부유물이 연회색으로 떠돌았지만, 허기가 졌던 나는 실망스러운 마음에도 한 그릇을 다 비웠다. 친정집 곰국은 언제나 깨끗해야 한다는 환상은 마침내 깨어지고 말았으니, 하얀빛을 좋아하던 내 취향도 그때 함께 고개를 숙였으리라.

순백에만 못 박혀 있던 나의 고집은 중년을 넘어 노년으로 나아가며 여러 색깔의 그래픽으로 나뉘었다. 여러 번 끓여 낸 곰국도 때로는 친정집 맛으로, 혹은 다른 그림이 되어 밥상 위를 장식했다. 귀국한 지 여러 해 된 어느 봄날, 나는 병세가 짙어진 시아버님께 마지막 정성을 넣은 하얗디하얀 곰국을 선사해 드리고 싶었다. 애석하게도 아버님은 한 술도 못 뜬 채로 눈을 감으셨고, 그때의 내가 끓인 솜씨도 두유 빛에 지나지 않았다. 아마도 우리의 삶이란 순정과 열정을 다한다 해도, 온전히 우리가 원하는 색깔로 엮어질 순 없는가 보다.

몇 해 전 여름 미국에 있는 아들딸 식구를 찾았을 때도 두유 빛 곰국을 끓일 기회가 있었다. 여독에 지친 내가 원하던 순백을 담아내지 못했음에도 그들 모두는 반가움이란 양념을 뿌려 맛있게도 들이켰다. 그간의 그리움과 앞으로의 다독임이 서린 가족 밥상이 내 실수를 잠재울 수 있는 단단한 무기였는지 모른다.

어린 시절 내내 제3 문화권에서 생활하다 마침내는 해외파가 되어버린 자식들과 못다 한 인류의 수레바퀴를 돌리러 고국에 다시 자리한 우리 부부의 현주소를 돌아본다. 우윳빛이나 두유 빛에 담긴 옛 어른들과의 시간도 돌이켜 보면 생의 고귀한 빛깔이었듯이, 이제 아들딸은 그들 자리에서, 우리는 우리의 자리에서 때로는 서로의 행복마저 색다른 빛깔로 새겨갈지 모른다.

  그래서였다. 백옥 같은 인생을 원하던 비 오던 날의 택시 기사가 떠오를 때면, 나는 말해주고 싶었다. 한 번쯤 두유 빛 곰국을 끓여보지 않겠냐고.

내 이름은 기내용 트렁크입니다

　지금부터 샘소나이트사가 새로 출시한 나, 기내용 트렁크의 이야기를 들어보시겠습니다. 런웨이를 닮은 진열대 위에서 반짝거리는 물결무늬의 외장을 선보이던 나는 장인의 빼어난 감각으로 태어난 초경량 캐리어입니다. 고가의 재질로 빚어졌기에 최적의 장소에서 최상의 쓰임을 받을 줄 알았는데, 하필이면 험난한 신화여행을 떠나는 사람에게 들려질 줄 누가 알았겠습니까. 하지만 선택된 기쁨이란 특별한 것이었습니다.

　제비처럼 수려한 내 자태를 단박에 알아보지 못한 여행자는 옆에 있는 비슷한 친구들을 후루룩 둘러본 다음에야 내 앞에 섰습니다. 나는 얼른 날렵하고 튼튼한 등뼈를 뽑아 올려 여인의 어깨에 축 늘어진 핸드백을 업어주었답니다. 내게만 주어진 네 개의 다리로 소리도 내지 않고 걸어 나가자, 그런 가벼움이 좋았던지 주인이 될 그 여인은 덥석 나를 안고 가 값을 치렀습니다.

나를 만나러 오기까지 그럴 만한 사정이 있었던 것 같습니다.
"성님! 아무리 긴 여행이라도 그것 하나 굴리고 가면 그만이라오. 앞 좌석 등받이 아래 쌈박하게 밀어 넣고 두 다릴 척 하니 올리면…"
분당에 산다는 그분의 의동생은 연전의 유럽 여행을 떠올리며 나 같은 친구들의 요긴함을 피력했습니다. '그이는 워낙 살림꾼에다 재치도 있지 아마.' 끄덕이며 붙박이장을 헤치던 그분은 크고 작은 포켓만 잔뜩 달리고 다리는 두 개뿐인, 골동품 친구 하나를 찾아냈던 것 같습니다. 이런저런 추억 탓에 외면하기 어려워 한참을 고민하던 그이는 마침내 그걸 폐기처분 한 듯합니다. 그런 우여곡절 끝에 발탁된 나는 열 밤 열두 일을 함께 자고 부대끼는 긴 여행을 떠난 겁니다.

짐칸에 실릴 만한 일상품 중 꽤 많은 것들이 내게로 와 속을 채워준 것까진 좋았습니다. 그런데 웬만큼 지녀도 일단 지퍼만 닫으면 단아한 내 탄력성 때문인지 그이는 조금씩 더 넣기 시작했습니다. 날씬한 내 몸에다 쿠션 속을 넣듯 한 뭉치의 의약품으로 코너를 막더니, 비상시에 갈아 신을 신발과 바람막이는 물론 심심할 때 꺼내 볼 아이패드와 두꺼운 책까지 총동원했습니다. 물건들은 내 속에서 배설되기 전 음식물처럼 이리저리 쏠려 다녔습니다. 신화를 향해 떠난 곳에 일상 것들을 왜 그렇게 안고 가는지 주인님을 이해하기 어려웠습니다. 과연 내 자태가 빼어나게 예뻐서 선택된 것이 맞기나 한지 의아했지만, 또 하나의 선택 사양이었을 활용성에도 어긋나지 않게 고분고분 내 능력을 발휘하기로 했습니다. 이제 그이를 만족스럽게 해드릴 일만 남았더랬지요.

 기대가 어긋났을까요. 젖 먹은 힘을 다해 머리 위 짐칸으로 던지곤 잠 속으로 빠져버린 주인을 보자, 허망하기 그지없었답니다. 앞에 두고 발로 어루만지며 한 번쯤 열어 봐주리라 기대했었는데 말입니다.
 이런 푸대접은 그리스 내에서도 이어져, 숙박지를 옮겨 다닐 때마다 버스 밑의 트렁크들 옆에 작은 혹처럼 덜렁이게 했답니다. 나같이 번쩍거리는 물건을 아무도 좌석까지 데려가지 않았으니, 숫기 없는 주인이 머쓱했던 건 이해됐습니다. 무엇보다 슬펐던 건 일정에 혼이 나간 그가 나의 존재를 완전히 잊은 것이었습니다. 저녁에 호텔 방으로 데려와서야 겨우 내 입을 열고 한바탕 휘젓다간, 에라! 하며 지퍼를 물려놓았을 뿐입니다.
 그렇지만 신화를 몹시도 가리던 그분이 자신도 모르게 유적과 신화들을 일상처럼 껴안으며 혼연일체를 이루는 모습이 신기하던 나는, 새삼 그이와 동행한 사실이 뿌듯해 옴을 금치 못했습니다. 그때부턴 옛것과 새것의 경계가 무너진 듯 넙데데해진 그이를 따라가며, 그저 행복하기만 했답니다.

크레타섬으로 향할 때였습니다. 주인이 아테네의 한 호텔에 큰 짐을 맡겨두고 나만 데리고 비행기에 오르던 날은 내 진가가 최고로 빛나는 순간이었습니다. 부러움의 시선을 온몸에 받으며 가장 쾌적한 움직임으로 그이의 노고를 덜어주느라, 내 물결무늬는 찬란하게 파도쳤습니다. 그때만은 그이도 흡족한 얼굴로 나를 바라보았습니다.

그러곤 단 한 번이지만 영원한 이별이 될 뻔한 사건이 벌어진 겁니다. 돌아오는 날, 주인은 낯선 공항 어느 검사대에 나를 올려두곤 혼자서 허적허적 걸어갔습니다. 뒤늦게 알아챈 그이의 얼굴이 햇빛에 무르익은 그동안의 올리브 빛에서 푸른 바다색으로 변해갔다고는 들었습니다. 우리는 짝 잃은 기러기처럼 놀랐다가 한참 만에 다시 만나는 기적을 얻었답니다. 그러고 보니 내 잘못인 것도 같습니다. 차라리 당당하게 그이의 사선을 잡았어야 하는 데 말입니다. 그 탓에 돌아오는 비행에선 기내용의 명예를 지키지 못하고 화물칸으로 옮겨지는 수모를 당했지 뭡니까. 결국 여정의 마지막 시간에 또 한 번 주인과 이별했었다고 말하는 편이 낫겠습니다.

신품이자 명품 트렁크로 따라나선 나는 몇 군데 생채기가 날 정도로 내 임무를 다했고, 때론 동굴 같은 짐칸에서 몇 시간씩 요동쳤으며, 저녁이면 재빨리 옆구리를 열어 일상품을 꺼내주기도 했습니다. 한때는 영영 혼자 남겨질 뻔했으나 마침내 주인과 함께 금의환향한 지금, 이번 여행을 또 하나의 전설로 흘려보내려는 그이로부터 이번에는 제가 골동품이 되어 벽장 속에 갇히려나 봅니다. 그래도 나는 압니다. 신화의 나라에까지 합류한 나를 잊지 않고 불러내어 또 하나의 기발한 임무를 맡겨줄 것을. 머지않아 다시금 일상을 탈피하여 모험의 현장으로 달려갈 그이를 응원하며, 전설이 덕지덕지 묻은 주인의 벽장에서 반쯤만 눈을 감고 잠들어야겠습니다. 이제까지 무사히 돌아온 용사, 기내용 트렁크였습니다.

내가 본 크리스마스트리

한 해의 마지막 달이 물러가기 싫어 서성인다. 새해가 등장하려 어른대니 늑장 한 번 부려보는 게다. 송년에 앞서 성탄절까지 찾아오는 덕에, 을씨년스러워야 할 몇 주일은 도무지 그럴 틈이 없다. 빌딩들이 현란한 전구를 달고 선물 꾸러미를 든 사람들의 걸음이 빨라지면 우리네 마루에 크리스마스트리 없는 저녁은 썰렁하리라.

"탄일종이 땡 땡 땡…." 희미한 노랫가락이 울려 퍼지던 밤에 우르르 골목으로 뛰어나간 아이들은 얼어붙은 손가락에 호호 입김을 불며 돌아오곤 했다. 내려앉는 눈꺼풀을 수돗물로 꾹꾹 누르곤, 대문을 두드리는 "고요한 밤, 거룩한 밤"을 듣고서야 잠자리에 들었다. 녹색의 소나무 가지를 타고 올 하얀 산타를 꿈꾸던 시간, 기적을 향한 그들의 바람은 시작됐다.

내가 기억하는 어린 시절의 우리 동네엔 크리스마스트리를 차린 집이 드물었다. 소년 소녀들은 언덕 위의 예배당이나 시청 앞에 세워진 피라미드식 철조물을 찾아 고개를 숙이곤 했다. 그때 기껏 빌었던 소원이래야 색연필이나 털장갑 같은 작은 것들이었지만, 대문 밖으로 달려 나간 멍멍이가 길을 잃지 않고 돌아오길 기도한 적도 있다.

어느 날, 아이들은 트리만큼 자라났고 반역은 시작됐다. 산타의 허구를 점차 알아차린 그들은 갖고 싶은 것만 키워갈 뿐, 기도를 잃어버리기 시작했다. 크리스마스트리는 이제 기적을 향한 꿈의 터가 아니라 누군가 알아서 차려주는 선물의 터가 되어갔다.

나의 젊은 시절도 예외는 아니었다. 열대의 나라, 필리핀의 성탄절은 눈이 없어도 휘황찬란했다. 서른 살 초반 이주하던 해 만난 크리스마스트리들은 시월서부터 이 집 저 집, 키를 다투며 서 있었다. 플라스틱 재질로 만든 나뭇가지 위엔 꼬마전구들이 불을 뿜어대고, 여백이 보이지 않게 빽빽이 매달린 크고 작은 장식들로 나무는 겨우 제 몸을 가누고 있었다. 그런 문화에 익숙지 않던 나 또한 질세라 하나 가득 채우기 시작했다. 삶은 참 대수롭지 않은 것으로도 위안을 받았던 것 같다. 해가 바뀔 때마다 색다른 장식으로 빈틈없이 채워가는 동안 트리가 얼마나 팔이 아플지는 생각해 보지 못했다. 자꾸자꾸 세속적 욕구를 뻗어 가며 어이없는 기적도 바랐다. 트리야 무슨 잘못이 있었을까 싶다. 크리스마스트리! 하고 떠올리면 누구든 설레지 않을 사람이 없을 만큼 행운의 상징 같았으니 말이다.

몇 해 전이었다. 유튜브 방송이 실어준 동영상 하나는 캐나다 토론토 공항의 색다른 축제를 보여주고 있었다. 성탄 전야, 그곳 로비에 세워진 트리 옆에서 탑승을 기다리던 승객들은 산타로 변장한 어느 직원으로부터 크리스마스 소원을 앙케트 받게 됐다. 엷은 미소로 응답한 몇몇은 조크라도 대하는 듯 별다른 의미를 두진 않는 듯했다. 이튿날 목적지의 새벽 공항, 카르셀carousel에서 짐이 막 내려오기 시작할 때였다. 여기저기서 별안간 탄성이 터지기 시작했다.

제일 먼저 내려온 패키지가 그들 이름이 수취인으로 적힌 상자들이었기 때문이다. '여러분의 산타'가 발신인인 크리스마스 선물이 도착한 것이었다. 독신남의 소원이던 양말 한 켤레 다음으로 커다란 화면의 텔레비전 한 대도 내려왔다. 농담으로 그걸 소원했던 한 커플은 자신들의 눈을 의심했다. 트리 앞에서 설문했던 항공사 측이 이륙하기 전에 해당 물품들을 준비하여 제일착으로 내리게 한, 그야말로 기적의 선물이었다.

"메리 크리스마스 여러분! 원하는 꿈은 이루어집니다."

어디선가 귀에 익은 산타의 목소리가 울려 퍼졌다. 여행길에 습득한 예상치 못한 선물로 승객들은 자신들의 집에 차려진 크리스마스트리마저 잊은 듯 보였다. 한적한 밤 공항에서 일어난 놀라운 발상 하나가 시들한 어물전에서 때아니게 낚은 싱싱한 물고기와도 같은 기적을 만들고 있었다. 명절 하루만이라도 승객과 소통하고 싶어 아이디어를 짜낸 항공사의 짝사랑이 전파를 타고 흘러들어, 구태의연하게 보내려던 내 성탄과 새해에 새로운 불을 지폈다.

그러고 보니 마닐라에서 부친 이삿짐이 도착한 날, 먼지 쌓인 크리스마스트리도 따라와 있었다. 사계절 무더위 속에 번개처럼 흘려보낸 젊은 날의 추억에 얹혀 갖가지 크리스마스 장식도 함께 서 있었다. 간소화를 부르짖으면서도 물질을 이고 다니는 번거로움을 털어내지 못한 듯했다. 오래된 악습은 물러가는 데도 시간이 필요했을까.

그 트리는 다행히도 삼단이던 몸체가 이단으로 줄어들고 어느 날 아래 단만 휑하니 남더니 그마저도 사라졌다. 간수하기도 수월하지 않았지만, 낡은 가지에 매달아야 할 욕망이 스스로 꼬리를 감추었기 때문이다. 아쉬운 마음에 목각으로 된 미니어처 하나만 남겨놓았다가 새해 아침 그마저 내려놓고 만 것도, 정월이 다 가도록 늘어뜨릴 의미가 거추장스럽게 느껴진 탓이었다. 아마도 예측하지 못한 선물로 승객들을 활짝 웃게 해준 항공사의 소박한 축제가 그리웠나보다.

그렇다. 지금은 그 옛날 시청 앞의 키 큰 트리나 더운 나라의 정열적인 트리, 또한 조그맣게 퇴화하던 이즈음의 트리까지 눈앞에 없어 나를 자유롭게 한다. 그런 중에도 눈만 감으면 웬일인지 또 하나의 트리가 다가선다. 이번엔 동화같이 아름답지 않고 거대하거나 분에 넘치게 화려하지 않아서 좋다. 한 번도 꿔보지 못한 꿈을 매달고 키워갈 수 있게, 딱 그만큼만 넉넉하다. 그 위에 조심조심 내가 만들어갈 작은 기적을 기대하며 이번엔 내가 앙케트 한다. 내 마음의 나무여! 크리스마스 트리여! 어떤 귀한 꿈을 선물해 주겠니?

그런대로 괜찮은 선택

와플 굽는 아침

아낙네들 몇이 시간을 내어 남대문 시장을 들렀다. 길가에 오픈한 안경상에게 그네들이 흥정을 거는 사이, 하릴없던 나는 하품만 날리는 옆집 잡화상을 힐끔거렸다. 용케도 동글납작한 누름 판 하나가 눈에 띄었는데 자세히 보니 와플을 굽는 틀이었다. 칠이 한두 군데 벗겨진 것을 보아 중고품인 듯했지만, 그 작은 기구를 보물단지나 된 듯 안고 왔다.

전기용품을 새로 들여놓을 줄은 생각지도 못했다. 생활의 편리함을 위해 취해온 그쪽 부류들이 과다하게 자리 잡고 있었지만, 정작 애용하는 일은 드물었다. 차에 또 그런 물건을 들고 온 것은, 식구들과 함께 와플을 먹던 어느 아침이 그 속에서 금방이라도 걸어 올 듯해서였다.

오래전, 직장 초년생이던 남매와 함께 북미를 여행했을 때다. 근처에 작은 포도밭이 밀집한 힐즈버그의 여름날은 과일 향과 들새들의 아침 인사로 밝아 왔다. 우리는 빽빽한 하루 일정을 치르기 위해 우르르 식당으로 내달았다. 아침을 타느라 입맛이 까칠한 나에게 아들은 한 컵 가득 커피를 부어주며 기분을 점쳤다. 싱거운 녀석이었다. 딸애는 김이 모락모락 나는 병아리색 와플을 꺼내 왔다. 팬케이크 반죽을 완자무늬 틀에 부어 구워내는 와플은 우선 바삭해야 제맛이 난다. 마음이 바빴는지 반만 익은 물컹한 와플에다 시럽과 버터를 잔뜩 뿌려 테이블 위에 놓았지만, 한참 만에 함께 자리한 우리는 하찮은 것에도 감격했다. 따뜻한 와플을 눈앞에 두고 그들과 마주하니 그간의 문화 차이마저 농지거리 되어 날아가는 듯 홀가분했다. 들꽃 같기만 한 만남이었다.

어느새 그들에겐 그들 가족이 생겼고, 우리 둘만 덩그러니 남았다. 시간은 부지런히도 미래를 안내하는데, 아직 내겐 예전 기억이 사진틀 되어 어른거린다. 새로 사 온 기구 또한 그런 틀이 되고 싶은 건지, 자꾸만 그 옛날의 와플을 구워보라 한다. 한 번 그리움이라도 펼쳐 보아야 할까. 아니, 재생될 와플은 우리 두 내외에게만 주는 특별한 선물이 될지도 모르겠다.

오늘따라 남편은 일찍 들어와 있다. 내 손에 들린 짐에 눈길이 스치

며,

"팔 아프다면서 뭘 그렇게 들고 다녀…" 한다.

친절한 그 말에 용기백배해진 나는 꾸러미를 풀며 수다스러워진다. 서양 음식을 즐기지 않아 감흥을 보이지 않는 그인데도 설명을 거듭한다. 내일 아침 최고의 와플을 구워 눈앞에 놓아줄 생각인 나는 용사도 그런 용사가 없다. 빗소리마저 속내를 알아챈 듯 사각댄다.

아침이 되니 어제 오던 비가 말끔히 개었다. 해는 벌써 중천에 떠 있는데 늘어진 몸은 늑장만 부린다. 아침밥쯤이야 대충 때워도 좋지 않을까 싶은데, 주방 한편에 묵묵히 서 있던 예의 그 물건이 넌지시 나를 민다. 오늘 아침 무슨 일이 있어도 와플을 구워내라는 명령이다. 솜씨야 어떻든 기어이 맛 하나를 내어줄 테니, 작은 협상이라도 해서 남편의 식욕을 돋우어 보라는 뜻인 게다. 빗속을 뚫고 낯선 집까지 따라와 준 손님의 청이려니, 어떤 코드라도 찾아야 하리라.

그때 햇살이 들추어낸 거실 한쪽 벽에 남편이 탐탁하게 여기지 않던 닭 그림 하나가 모습을 드러냈다. 대학 신입생 시절, 미술 시간에 창의적으로 그렸다는 딸의 습작이었다. 좌우에 작은 추상화를 거느리고 그날따라 또렷이 그를 내려다보고 있었다. 목탄으로 그려진 한 마리의 암탉은 방금 몸이라도 푼 듯 게슴츠레한 눈으로, 두 다리를 꼬고 앉은 모양이 마치도 고달픈 유학생을 연상시키는 듯했다. 직장을 얻어 이사하기 전 소포로 보낸 한 뭉치의 그 애 물건에서 이 그림을 발견했을 때, 나는 그저 내 핏줄이 그린 그림이란 사실만으로 뭉클하여 잘 보이는 곳에 두어야 했다. 단순한 나무 액자에 넣어 소파 위에 거니 고궁의 박물관에라도 온 느낌이라, 남편의 호, 불호는 안중에도 없었다.

 딸의 그림을 몇 년씩이나 한 자리에만 걸었던 내가 다른 곳엔 곁눈질 한 번 주지 않는 고집쟁이였다고 말하면 비약일까. 프로스트Robert Frost(1983-1963)의 「가보지 않은 길」이 말해주듯 "똑같이 아름다운 다른 길 / 사람이 걸은 발자취가 적어 아마도 더 걸어야 할 길 / 결국에는 하나로 만나 같아질 길"에는 마음을 닫고 만 것 같아 풀쩍 한숨이 났다. 아마도 남편은 딸아이를 그리워하는 나를 보아 서먹한 그림도 못 이긴 채 보아온 것인지 모른다. 나와는 반대로 자신에게 익숙지 않은 길을 한동안 참고 걸어온 것일지도.

 마침내 나는 와플을 구워내고 싶은 참 이유를 알아낸다. 아무리 옛 추억의 잔영이 오목 볼록 틀을 기웃거릴지라도, 정작 완성품을 즐길 주인공은 우리 두 사람뿐임에 화들짝 놀란다. 이제 내 속에 커다란 자리를 차지했던 그림자들일랑 조금 비켜놓고 싶어진다. 힐즈버그의 추억이나 딸의 닭 그림을 기억의 앨범 저 안쪽으로 깊숙이 넣어 두곤, 예전에 없던 용기를 새로 내보기로 한다.

 "이제, 그만 닭 그림은 옮겨야 할 것 같아요."

버터 탄 냄새가 풀풀 날리는 와플에 시럽을 따르며 중얼댄다.

"새로 걸고 싶은 그림이 생겼거든요."

이번엔 갑작스러운 내 제안에 계면쩍어진 그의 말수가 늘어난다.

"옛날 여행지에서 먹었던 것보다 더 바삭한데? 희한한 일이로군!"

멋쩍게도 그 또한 예전 일을 기억하고 있었던 거다. 나 역시도 멋쩍기는 마찬가지였다. 하지만 "애들은 다 잘 있으려나, 전화 좀 넣어보면 어때"라는 주문에는 쏜살같이 달려간다. 느닷없이 통화할 빌미가 생긴 것이 신기할 따름이다. 그 둘은 다 같이 나누던 옛 맛을 기억해 내지 못할 테니, 이 모든 것을 말해주리라. 오늘 아침 바싹 구워낸 엄마표 와플과 장소를 바꾼 그림에 대해서. 훨씬 더 어른스러워졌을 그들만큼이나 우리도 뚜벅뚜벅 잘 살고 있다는 말도. 전화기를 들려는데 멀찍이서 뚜껑 열린 와플기가 웃고 있다.

커피차, 아메리카노를 보내다

 낯익은 머그잔에 낯선 추출물을 내린다. 카페스톨(커피 콜레스테롤)이 90%나 사라지고 없다 카페인과 결별하리라, 한없이 생각난들 그것 없이 사는 법을 배우리라 다짐했건만 끝내 털어내지 못한 채, 아라비카 반 티스푼으로 약간의 원두 향을 흘려준다. 아메리카노의 쏘는 듯한 청량함이나 밀크커피의 고소함은 느낄 수 없지만, 심심 섭섭한 뒷맛이 왠지 또 새 정을 불러일으키는 내 나름의 커피차가 되시겠다.

 커피와의 인연은 언제쯤이었을지 헤아려본다. 조선 말 조정에 '코피'로 소개된 이국의 음료가 본격적으로 존재감을 터뜨린 건, 한국전쟁의 폐허가 도시를 휩쓸던 화창한 날이었지 싶다. 장난감처럼 떠다니던 비행기에서 레이션 상자들이 쏟아질 때, 그걸 실어 온 사람들의 향내까지 날아와, 여섯 살 내 코끝에도 스몄다. 세월이 훌쩍 흘러 중학생이 된 날 그 냄새를 조금 더 가까이 맡게 되었는데, 거실 장 안쪽에 보물단지처럼 숨겨진 유리병에서였다. 어머니가 외출하길 기다렸다 두근두근 뚜껑을 열면 놀란 듯 반짝이던 진갈색 사금파리와 단박에 코를 찌르던 어떤 순수. 그건 곧 사춘기의 울렁증이 되었고 이룰 수 없는 꿈의 전령으로 변했는가 하면, 청춘의 열망과 장년의 고달픔이 어깨를 누이던 느티나무로 자라났다. 귀하기 짝이 없던 그걸 감질나게 구해 와 가만가만 목젖을 축이면, 알맞은 탄내가 훅! 하니 심장에 와 닿던 맛이 고고해, 난 그만 종교처럼 정신을 빼앗기곤 했다. 어이없이 치르게 된 이별이나 놓쳐버린 대화 뭉치에 더해 시도 때도 없이 욱신대던 삶의 통점까지 내 맡길 땐, 세상에 그런 반려자가 없었다. 특히나 황혼의 쓸쓸한 빈터를 함께 걸어온 낙엽 빛 연서이자 다정한 시인임은 말할 나위 없다.

하지만 만남도 맨 처음이 설레고 순수도 첫 모습이 선명한 법. 요즈음은 열 날을 맛보고 확인해도 쓸쓸하기만 할 뿐, 내 사랑 처음 향은 종적을 감추었다. 게다가 적군이라도 맞은 듯 방어를 일삼게 되니, 커피 님의 변심인지 흐릿해진 내 정서인지 알 수 없는 노릇이다.

인스턴트커피건 원두커피건 무슨 그리 튼튼한 원천을 지녔는지, 뿜어내는 기가 독보적이었던 게 사실이다. 아랍 원산지설說만 봐도, 커피를 칭하던 '까흐와'란 말이 '식욕을 억제해 배고픔을 줄인다'라는 뜻의 '카흐'에서 온 것으로 알려졌다. 포도주의 한 종류를 가리킨 이름이기도 했다는데, 당시 새로 등장한 이 붉은 열매에도 붙여진 걸 보면 엄청난 식품의 발견이 아니었나 싶다. 에티오피아에도 남서부 지방의 '카파'가 커피의 어원이라는 주장에 이어 전설 하나가 전해지는데, 커피나무 열매를 따 먹고 생기가 넘쳐난 염소를 알아본 성직자가 즉시 이를 수행자들에게 보급했다는 얘기다.

그렇듯 기아를 면하게 하고 각성효과를 일으킨 신비의 음료가 온 세계로 흘러들어, 오늘의 나에게까지 찾아온 건 행운이었다. 근래엔 수면 방해와 속 쓰림 같은 내성조차 개의치 않을 만큼 이로움이 발견되고, 다양한 형태와 신축성 있는 질감으로 들이켜는 즐거움까지 부여했다. 그러니 밥은 걸러도 그것 없이는 못 견디던 내 쪽에서 멀어졌을 까닭이 없고, 여태껏 우정 어린 에너지를 부여하던 그 친구 또한 마음을 바꿨을 리 없지 않은가.

아무렴, 우리 사이를 갈라놓은 건 세월이 아니었나 한다. 재작년부터 슬슬 옐로카드가 날아왔으니 말이다. 명쾌하던 풍미가 스러지고 만 것, 그건 단지 싫증이 났다거나 착각에 의한 것이 아니라, 온몸에 스며드는 징벌과 함께 온 엄연한 현실이었다. 맛과 향을 좇는 행위엔 일정한 대가가 따랐을 뿐만 아니라, 좋아하는 걸 고수하는 것만으론 지킬 수 없는 것이 사람의 안녕이었다. 인터넷 탐색의 마지막 선호였던 건강 정보란에 머무는 시간이 늘어났고, 마음 놓고 턱없이 만끽할 시 맞닥뜨릴 이런저런 카페인의 부작용이 내 것임도 알아챘다.

　게다가 튼튼하기 이를 데 없던 동창 남편들이 느닷없이 둘씩이나 영면에 든 소식을 접한 것이다. 아마도 갑자기가 아니었을지 모르겠다. 잠자던 저승사자들이 콧바람을 날리며 다녀간 걸 기억하지 못할 만큼 장수를 맹신하는 동안, 그들 또한 나처럼 그 무엇에 중독되었을지 모르는 일이었다. 방심하는 동안 바닥을 드러낸 우리의 소화샘에 백년지기 커피가 악화를 일조했을 수 있으니 말이다. 으스스 그런 생각에 접어들자 쓴맛은 한층 더 진전했다. 그러고 보니 우정을 깨트린 쪽은 커피 친구가 아니라 일방적으로 추파를 던지다 거둔 나였을 가능성이 크다.

　우리의 관계가 영원무궁할 거라던 믿음은 망상이었을까. 그 친구의 마력에 편승해야 마음이 놓이고 뭐가 추진할 것 같던 느낌 또한 고정 관념이었을지 모른다. 오감이 선사하던 그간의 특정 의식에서 확 깨어나는 느낌이었다. 그뿐만 아니라 중독인 줄 모른 채 고수하던 이런저런 집념도 바야흐로 개조할 때가 온 것 같았다. 하지만 아는 것과 실행하는 것 사이엔 가없는 거리가 있는 법. 우선은 완충지대부터 마련해야 했다. 말하자면 흑갈색의 아메리카노로부터 먼저 우유를 끓여 넣은 프랑스식 밀크커피로 발걸음을 옮겨 가는 식이었다. 거품이 뭉클 이는 커피점의 카페라테보단 안정적인데다 고유 맛의 박탈감 또한 덜어준 셈이어서 그렇게 한참을 어울렸다. 그렇게 작은 변화만으론 마치도 부족한 사상가가 그러하듯, 순수를 지키기도 환상을 깨기도 어렵다는 걸 알아낼 때까지.

  확연히 탈바꿈할지 끝자락은 남겨둘지 망설이던 내게 마침내 결단의 시간이 왔고, 용기 부족이던 나는 후자를 선택했다. 반 티스푼의 원두 빛으로 스러져가는 향을 지피며 쭈뼛대는 양이 퇴락한 옛집을 서성이는 나그네만 같지만, 알맞은 구수함만은 어떤 정식 차보다 빼어난 새 기호품의 등극이었다. 불타는 원색을 지우고 늦가을 들판처럼 흐르며, 내게 이것 아니면 아니 된다! 라는 고질병까지 와해시켰으니, 참으로 우여곡절 끝에 태어난 커피차가 아닌가.

  그간의 아메리카노나 밀크커피가 금성이나 화성에서 온 신의 은총이었다면, 그 언저리 이름 모를 별에서 왔는지 다소곳이 인사하는 이 차 한 잔에 며칠째 입맛을 다신다. 별똥별처럼 급강하한 맹물보단 감칠맛이 뛰어나니, 좀 더 군침을 흘리고 볼 일이다. 그런 중에도 어제오늘 금성과 화성을 들러, 두 가지의 진한 커피를 다시 훔쳐본다. 떼어버린 줄 알았던 옛 맛이란, 첫사랑이란 참으로 헤어지기 섭섭한 꿈결인 듯. 그렇담 큰맘 먹고 흠씬 멀리 따돌려야겠다. 누가 아나. 남은 세월 몰랐던 또 하나의 세상이 섭섭지 않게 펼쳐지리란 걸.

134 이른 아침 새들의 무리를 보았다

그런대로 괜찮은 선택

　고즈넉한 일요일, 오페라 관람과 꽃길 산책을 놓고 선택의 주사위를 굴린다. 코리아 오페라단이 국립극장에서 공연할 「라 트라비아타」 베이스 역에 지인의 아들이 낙점되었나 하면, 올해의 남산길 벚꽃이 예년보다 화사하리란 소식이다. 시니어에겐 특석이 반액 할인이라니 나이 듦이 이때만큼 만족스러울 수가 없다. 꽃잎 카펫이 환하게 깔린 길 또한 오감을 매혹함은 물론이다. 어느 것으로 정해볼까 잠시 머뭇거리다가 아무렴, 오페라 쪽으로 기울은 남편을 따라간다. 사실 우리에게 이만한 공통분모를 지닌 취미도 없을 것 같다.

　'춘희'라는 타이틀로 우리에게 소개된 바 있는 주세페 베르디의 오페라, 「라 트라비아타」는 불치의 병을 지닌 파리 사교계 여인 비올레타와

귀족 청년 알프레도의 비극적인 사랑을 노래한다. 서로 눈이 맞아 인연을 맺는 도입부와 오해와 배신으로 반전을 이루는 클라이맥스, 그러곤 상대방 연인이 죽음을 맞는 날에서야 후회로 돌아서는 피날레, 이것이 거의 모든 비극 오페라의 상투적 플롯이다. 하지만 그런 소프라노와 테너의 아리아만 좇았다면 나는 그저 애상의 한 자락만 들고 왔을 거다.

오늘 내가 주목한 건, 가문의 명예를 지키기 위해 최선을 선택한 시아버지 제르망이 홀로 있는 비올레타를 방문하여 직격탄을 날린 장면이다. 아들과의 관계를 그녀 편에서 배신하는 듯 청산해 주기를 바라는 비정함 때문이다. 비통에 잠긴 우리의 여주인공은 울부짖음으로써 그의 몰염치를 탄원해 보지만, 알프레도를 향한 깊이 모를 사랑은 그녀에게 희생을 감수토록 한다. 극 중 어느 한 사람의 선택이 다른 사람의 선택을 좌우하는 것을 보고 마음이 편치 않은 건, 나 자신 지난날의 선택을 반추해 보는 시기에 이른 때문일까.

오늘따라 새롭게 떠오른 건, 선택을 강요당한 여주인공보다 더 고뇌스러운 사람이 그녀의 희생을 구걸하는 제르망이라는 사실이다. 이 둘이 부르는 소프라노와 바리톤의 이중창은 서로에게 탄원하면서도 스스로는 불운을 감내하는, 끝없는 원을 그리며 최고의 하모니를 이룬다.

"눈치도 채지 못하게 떠나라니요. 이제 막 시작한 우리의 사랑이 소멸해야 한다니요. 살아 있을 날이 얼마 남지 않은 불우한 여인의 고통이 들리지 않나요? (…) 그럼, 그리하리니 부디 이 희생을 기억해 주시오!"

그렇게 소프라노의 아리아는 거부와 수렴을 번복해 간다.

"내 집안의 명예를 위해 부디 그 고통을 이겨내 주시오. 그대의 희생은 내 가슴속 깊이 간직되리다."

어처구니없는 바리톤의 궤변이 늘어진다. 그야말로 남의 불행을 행복의 조건으로 삼은 이기적인 선택이다. 반면에 그의 눈에 드리워진 고뇌의 그림자는 이미 잘못된 길로 들어섰음을 자인하고 있다.

그랬다. 체념한 사람의 남은 생은 오히려 홀가분했을지 모르나, 빼앗은 자의 날들은 자괴감으로 얼룩지기 마련일 것이었다. 제르망처럼 고매한 인품의 소유자라면 더더구나 그럴 것이었다. 마지막 장에서 아들에게 자초지종을 실토하며 꺼져가는 며느리의 생명을 슬퍼하는, 그의 속죄 장면은 우매한 선택이 부른 때늦은 아이러니가 아닐 수 없었다.

지난날의 나 또한 선택의 갈림길에서 실수를 저지른 적이 있지 않았을까 싶다. 한고비씩 넘길 때마다 취했던 당시의 선택은 그럴싸해 보였고 운명이기나 한 듯 당당했다. 나름 세심한 머리로 사고하고 하늘에게도 물은 최고의 결정이었다. 만약 그런 선택이 낳을 아이러니나 가까운 이들의 희생을 고려해 보았더라면, 그래서 누군가의 눈물을 미리 막을 수 있었다면, 지금쯤 삶은 더 많은 정을 꽃피웠을지 모른다. 그러고 보니, 남은 생에도 이어가야 할 몇 가지 선택들이 머뭇거려지기도 한다. 꼭 해야 하는 것과 정말 하고 싶은 것 사이에서 어느 하나가 다른 가치를 허물까 봐 조심스러워지는 것이다.

미국의 인문학자, 로버트 프리츠Robert Fritz(1943-)는 "가능해 보이는 것, 타당해 보이는 것만 선택하면 타협만이 남는다"라는 말로 우리의 지적 양심을 들춘다. 지금의 내 경우는 우선 먼 데 있는 자손과 가까이 있는 내 삶 중에서 선택해야 할 고민이 되겠다. 바라건대 좀 더 폭넓은 사유로 이루어진 선택이 되어 나와 그들 모두가 더 활짝 피어날 수 있었으면 좋겠다. 파울로 코엘료가 소설 『브리다』에서 언급한 "자신이 제대로 선택했는지 평생 의심하며 가는 최악의 길"만 아니었으면 좋겠다.

터벅터벅 집으로 돌아오는 길, 제르망의 황량한 바리톤 음성이 귓전에 남아 흐른다. 그때, 여주인공의 주치의 역으로 한두 장면 노래한 지인 아들의 묵직한 베이스가 그걸 덮는다. 괜찮다며, 마지막으론 그 또한 실수를 돌아보는 걸 선택했으니, 제대로 된 것이 아니냐며.
그러고 보니 이런 화두를 열어준 오늘의 오페라야말로 그런대로 괜찮은 선택이었다. 내일은 제르망과 비올레타만 떠올리지 말고, 꽃길을 따라나서야겠다. 내 무수한 선택의 길에 동반해 준 사람과 사람들을 생각하며.

오래가는 것들

바람도 방역하려는 듯 한참을 멈춰 선 오후였다. 높고 낮은 각양각색 집들이 끝 모르게 줄을 이은 주택가로 접어든 지, 반쯤 지났을 때였다. 파랗게 트인 하늘 아래 저만치 서 아무것도 아니 쓴 사람 한 명이 둥둥 떠 오고 있었다. 코로나바이러스가 일파만파인 터에 무심하기만 한 남자를 마주치게 생겼으니, 다시 찾은 샌프란시스코의 한두 달이 무모한 계획이나 아니었을까 싶어 황망했다.

방역 제일의 나라에서 온 사람답게, 내 쪽에서부터 마스크를 고정해 보았다. 팬데믹의 위세가 그 사람에게도 엄중하긴 했나 보다. 거리가 좁혀 오자 포켓에서 헝겊 하나를 꺼내어 입으로 가져가는 성의를 보인다. 그때까지만 해도 아무도 없었으면 더욱 좋았을 산책길이려니 했지만, 역병에 살아남아 함께 숨 쉬는 동지를 만나게 된 사실 또한 경이로웠다. 한편으론 말하기도 민망한 것이 있었으니, 건장한 그의 육신보다 더 믿음직해 보였던 게 마침내 그가 지참한 얼굴 가리개였다는 사실이다. 사람에 앞서 사람을 지켜줄 물건이 대접받는 우스꽝스러운 상황이 내게도 엄습했던 거다.

이번에도 갑자기 들어갔다가 엉거주춤 떠나온 서울이었다. 조금 다른 것이 있다면, 두어 달 내내 코로나로 갇혀 있는 동안 내 집의 오래된 물건들과 전에 없는 친밀한 대면을 한 점이다. 자기들끼리 주인의 행보와 상관없이 묵묵히 버텨온 모습을 왜 새삼 눈여겨보게 됐는지 모를 일이다.

풀벌레 소리 요란한 여름 아침, 늦 잠을 깨우며 새벽바람을 막아준 삼베 이불부터, 뽀드득 소리를 낸 골마루와 정강이를 걷어찬 식탁 의자, 게다가 해묵은 그릇들이 얼기설기 걸터앉은 찬장까지 아는 척을 해 왔다. 옷장 겸 골방에는 한 번도 못 본 듯한 옷들이 왜 그리 수줍게 서 있었는지 모르겠다. 그 모두는 나로 인해 생겨나, 있는 듯 없는 듯 한결같이 내 일상을 지켜주던 것들이었다. 그뿐만 아니었다. 소유자인 내가 세상에서 사라지고 없을 수많은 날에도 건재할 태세였다. 사람보다 훨씬 오래가는 것이 사람이 만든 것들의 생명이라는 사실이 믿지 못할 마법 같기만 했다.

엊그제였다. 최근에 남편을 폐암으로 떠나보낸, 남편의 옛 직장 동료 부인이 전화를 넣어 왔다. 때가 코로나 때인지라 가족끼리만 장례를 치른 후 아들 따라 미국으로 건너왔다며, 두 번씩이나 되풀이해 온 말이 있다.

"제 입으로 애들 아버지 그렇게 된 소식을 말씀드렸더니, 두 분이 막 우시는 거예요."

뒤늦게 알린 부고에 지인이 내비친 살뜰한 애도를 더듬는 그녀의 목소리는 떨리면서도 무언가 동의를 구하는 듯했다. 곧이어 우리 둘은 천금과도 같은 생명의 소멸을 논하며 아쉬워했는데, 하필 그때 나의 머릿속은 피치 못할 상념으로 붐비기 시작했다. 지금쯤 세상 어딘가에 얼마나 많은 노인의 시신이 원치 않는 냉동차에 실리고 있을까를, 바이러스 응급환자와 사투하며 감염된 간호사가 자신의 목숨을 거두어도 덤덤한 현실을, 폭력의 무르팍에 짓눌려 마지막 숨을 헐떡이던 어느 흑인의 절규와 덧없이 사라져 간 불운한 사람들의 미약한 생명을. 그러고 보면 무탈하게 살아온 사람의 영면을 기리는 절차쯤이야 분에 넘치는 호사로 여겨질 시간이 머지않으리란 사실을.

며칠 후 그녀로부터 그랬던 나를 나무라듯 단아한 감사 노트가 도착했다. 단지 보잘것없는 부의를 보냈을 뿐인데 말이다. 손녀의 스케치북에서 떼어 낸 하얀 종이 위엔 손수 크레용으로 흩날린 작은 화분이 놓였는데, 말솜씨만큼이나 고즈넉한 회보랏빛 꽃 이파리들이 그린 사람보다 더한 향기를 뿜어내지 뭔가. 그걸 펴서 냉장고 문 한편에 붙여놓곤 오며 가며 힐끔거렸다.

그러자 그 생각이 다시 떠올랐다. 그이가 그려 넣고 내가 매일 감상한 이 카드도 누군가가 쓸어 내지 않는 한 우리보다 훨씬 오래갈 게 분명하다는 것. 다행히 이번엔 물건들에 월권당한 섭섭함이라기보단 뜻 모를 희망감이 먼저 왔다. 우리 육신이 사라지고 없을 때도 영구 가치를 남길 무언가가 있다는 안도감, 예를 들면 기술이라든지 예술이라든지, 그런 종류를 떠올리고 있었다. 작게는 주택가에서 만난 한 이국인 필부 손에 들린, 그 사람의 아낙이 한 땀 한 땀 꿰맨 헝겊 마스크거나, 말보다 카드 위에 훌훌히 그려낸 미망인의 사부곡이기도 했다.

그래서였을까. 남은 생은 덤이려니, 하고 어슬렁거리던 내가 어느 날 글쓰기에 입문한 후 종심이 가도록 손을 놓지 못하던 것이. 당장에 코로나를 피하려고 마구 사들인 일회용 마스크나 육신을 지탱하기 위해 과잉구매한 생필품이 아닌, 근원적이고 값어치 있는 무엇 하나를 시도해 보고 싶었던 건지 모른다.

그 사람이 내 옆을 스칠 때 나는 보았다. 무늬만 마스크지, 이런저런 천 조각을 이은 완벽하지 못한 가리개에서 흘러나오던 오래갈 생명을.

상처, 그 프로젝트를 만나다

　극도의 열기가 감각을 멈춘 사고 하나를 만났다. 무더위가 맹위를 떨친 여름날, 하필이면 100℃의 물줄기를 발등에 흘린 거다. 불손한 손님이 뼈와 살을 뚫고 깊숙한 데까지 파고들자, 나는 후다닥 얼음덩이부터 올려놨다.

　차가운 물줄기로 서서히 식혀야만 하는데, 단번에 양극이 만나도록 우를 범했던 거다. 금세 강낭콩만 한 물집이 부풀어 오르는가 싶더니, 타원형의 집을 짓기 시작했다. 외부와의 방어를 알리는 완벽한 요새, 말랑하면서도 탱탱한 수포가 아예 건드릴 생각일랑 말라는 듯 손만 대면 튕겨 올랐다.

　상처는 터뜨려야 빨리 낫는다고들 말한다. 송두리째 뿌리가 드러나 한참을 바람에 시달려야 새살이 돋는다는 말일 테다. 안쪽 깊숙한 곳에 모여 있다 모습을 드러낸 세포들이 예리한 성장통을 치르며 켜켜이 옷을 입어갈 때, 그건 아마 생존을 향한 필사적인 몸부림일 거다. 새로운 보호막이 완전한 덮개를 씌울 때까지 차가운 대기 속에 얼마나 오랫동안 떨어야 할지 모른다.

나는 차라리 거북이걸음을 택하기로 했다. 아무리 직방인들 그걸 건드려 바늘 같은 통점을 일으킬 자신이 없었다. 적어도 타격을 받은 부위가 스스로 모습을 드러내기 전까진 이쪽에서 터뜨리는 일은 없었으면 했다. 방패 안에 숨어 있던 병증이 새로운 출구를 찾아 제 박자대로 치유의 행보를 이어가다, 껍질까지 꿀꺽 흡수해 버리면 그만일 것이었다.

거북이 치료가 계속되는 동안 마음에 깊은 고뇌가 있어 보이던 목소리 하나가 다가왔다. 벌써 20년도 지난 이야기지만, 바람이 잦아드는 날이면 이렇게 잊어도 될까 싶게 불쑥불쑥 떠오르는 사람이었다. 어제처럼 섭씨 35도를 오르내리고 습기가 구석구석 퍼져 있던 마닐라의 마지막 여름이었다. 어줍게도 내 가족을 넘어 한 번이나마 다른 사람을 돕고 떠나올 마음이 생겨났고, 생소하기만 한 '생명의 전화' 상담원을 자원했다. 6개월간의 강의와 사례를 섭렵한 후, 나와 동료들은 상담지침을 확인하는 세미나를 열어가며 긴급 통화를 실전했다.

"안녕하십니까, 여기는 위기 라인Crisis Line입니다. 이름이 무엇입니까?"

사무적으로 운을 떼자, 전선을 타고 흐르는 약간의 침묵 끝에 지나치듯 무심한, 나지막하고 쉰 목소리 하나가 흘렀다.

"찰리스라고 해요. 찰리스 로페스…." 간헐적인 기침에 섞인 발음엔 불신에서 오는 듯한 짜증이 섞여 있었다. 어쨌든 자신을 알리고 있는 것만은 분명했다. 무엇이 그녀에게 얼굴도 모르는 전화선 끝 타인에게 자신의 이름을 말하게 했을까.

"안녕 찰리스, 무엇을 도와드릴까요?" 가능하면 냉랭한 느낌을 주지 않도록 어깨의 긴장을 풀었다.

"담배가 태우고 싶어 죽겠어요. 공중 전화통에 계속해서 동전을 넣고 있어요. 목이 탑니다. 무슨 말부터 해야 할지…."

예상외로 풍성한 오프닝이 전개됐다. 이쪽이 듣고 있다는 신호를 몇 번이나 확인하며 문제의 가장자리를 맴돌기 시작한 그녀였다. 이럴 때 다그치듯 캐묻는 건 금물이었다. 고뇌의 핵심으로 다가갈 때까지 기다리는 것이 최상이었을 뿐이다.

21세 독신 여성으로, 세례는 받았으나 신앙에서 멀어졌고 부모 형제와 심한 갈등을 치르고 따로 나온 상태였다. 나는 맞장구만 쳐주었을 뿐, 근원적인 문제점은 건드리지 않은 채 망을 봤다. 전파를 타고 호소하는 동안 그녀가 조금이나마 고통을 잠재울 수 있기를 기다릴 따름이었다. 우리의 대화가 여러 날에 걸쳐 반복될수록 얼마나 깊숙한 상처의 비밀 휘장을 열어보고 싶었는지 모른다. 때때로 그녀 쪽에서 내가 먼저 열어주길 바라는 듯도 했지만, 우리는 약속이나 한 듯 멈춰 서곤 했다. 그렇게 마지막 판도라 상자만은 영원히 묻어두었던 거다.

여름이 가고 가을을 건너뛰어 겨울이 오자, 나는 고국으로 돌아올 짐을 꾸리느라 여념이 없었다. 마지막 걸려온 통화에서 그녀는 한결 차분해진 목소리로 작별 인사를 했다. 궁색한 몇 마디가 더해졌지만, 시간과의 싸움을 거치며 많은 것이 녹아내린 듯, 목소리에는 안도와 생기가 돌고 있었다.
"무엇이든 먹고 싶은데 지금 수중에 한 푼도 없답니다."
"네! 그럼 어떻게 하시렵니까?" 그때 내게 부여된 최대의 개입이었다.
"집으로 가고 있습니다. 이젠 결정했어요. 어머니가 보고 싶어요."
의외의 빠른 결정에 놀랐을 뿐 아니라 뛸 듯이 반가웠다. 하지만 여기까지 오는데 얼마나 많은 시간이 걸렸는지 모른다. 더러는 전화상담의 주된 목적을 떠나 직접적인 도움을 준 사례가 있다곤 했지만, 내가 실천한 그녀와의 온건한 힐링 여정은 지금까지도 내 속에 아스라한 신비로 저장됐다. 그러다간 오늘같이 부슬비가 흩뿌리는 날이면, 우산도 없이 부들부들 떨며 공중전화 앞에서 신음하던 그때 그녀의 숨겨진 상처가 귓가에 맴돈다. 이후에도 잘 풀렸고 지금까지 잘 살고 있는지.

  그녀의 회복이 영구했을지 장담할 순 없지만, 오래 신고할 근래 내 상처가 그다지 답답하게 느껴지지 않은 데는 전화선으로 함께 거닐던 그녀와의 완만한 산책이 일조했을 것만 같다. 한 달여가 지나고 발등이 본래의 모습을 되찾았을 때, 나는 마치 커다란 프로젝트라도 치른 듯 으쓱하며 남편에게 말했다. "터뜨리지도 않았는데 다 나았어요. 표도 나지 않아요!"

  상처란 애초에 입지 않는 것이 최상이다. 그러나 터뜨리지 않아도 시간이란 고마움이 있어 안타깝고 억울한 속사정을 달래준다는 사실을 아는가. 언젠가 또 하나의 타격이 다가오면 나는 죄 없이 심란한 그 이름, '상처'란 프로젝트를 등에 업고 여전히 거북이 치유를 이어갈지 모른다. 나만의 처방이 돈키호테식 발상이라 해도 개의치 않는 건, 그것이 다만 유효하기만을 바라기 때문이다. 그때 나는 지금쯤 아이 엄마 되어 다른 이의 상처를 보듬고 있을, 처녀 하나를 그리워하며 물어보리라.

떠나며 하는 말이

이별을 주제로 한 노래 중에 「떠날 때는 말없이」란 곡이 있다. 가만히 가사를 음미해 보면, 헤어지는 마당에 무슨 말이 필요하리! 란 체념만이 아니다. 그립고 쓸쓸한 마음이야 달래기 어렵지만, 사랑한 만큼이나 조용히 떠나겠다는 비움의 미학이 들어 있다. 못다 한 말을 치렁치렁 되돌리기보다는, 차라리 침묵으로 마름하여 가슴 한편에 추억으로 남기고 싶은 게다.

사랑의 장편을 종식하던 노랫말의 주인공이 깔끔한 이별을 준비했다면, 빈번하고 일시적인 떠남을 일삼던 나는 여운을 남기자는 쪽에 가까웠다. 서울로 돌아온 지 며칠 되지 않은 날이었다. 전화 속 친지는 반갑다는 인사를 끝내기도 전에 "언제 또 떠난다니?"를 잊지 않는다. 하긴 지난번 샌프란시스코로 회귀했을 때의 아들 내외도 "언제 떠나세요?"라고 물어 오긴 했다. 두 번 다 떠남이란 단어가 기정사실이 되어버린 근황이라 멋쩍했다. 한참 뜸을 들인 후에야 "글쎄…, 때가 되면…" 하고 꼬리를 흘렸다. "이번엔 여차하여 모일 모시에 떠나"라든지, 그리 오래 걸리지 않을 양이면 "갔다 바로 올게" 하고 뚜렷이 말하면 될 것을, 가는 듯 다시 왔고 머무를 듯 돌아갔기에 날짜를 말하기도 멋쩍었나 보다. 기실 진정으로 어느 한곳을 떠난 적이 있던가. 아마도 '때가 되면…' 하고 얼버무려 차제에 눌러앉고 싶었는지 모른다.

이렇듯 머뭇거리는 내 모습이 찜찜하기만 했다. 꼬리를 흘려두고 싶은 걸로 보아 미련투성이의 비속한 종족이 아닐까 싶어서였다. 이형기 시인이 「낙화」에서 "가야 할 때가 언제인가를 / 분명히 알고 가는 이의 / 뒷모습은 얼마나 아름다운가!" 하고 읊었듯이, 또는 「떠날 때는 말없이」의 주인공이 그러했듯, 군더더기 하나 없이 떠나는 사람들의 자태야 섬찟하리만치 아름다울 것이었다.

아마도 생을 다한 먼 훗날, 사랑하는 가족과 지인을 두고 먼 곳으로 이사할 때야 겨우 그 '떠날 때는 말없이'를 실행할 수 있을지? 하지만 이마저도 바람에 그칠지 모르는 것이, 초승달같이 샐쭉한 그 '말 없음'이 도무지 내키지 않아 십중팔구 어물어물 인사를 치를 것이 뻔하니 말이다.

무시로 돌아왔다 떠나가는 삶이 하 쓸쓸하여, 가끔 거나하게 기념해 주고 싶은 욕구가 솟구쳤음을 고백한다. 대학 시절 기숙사 룸메이트였던 고향 친구는 그런 나의 심중을 액면 그대로 받아주었던 셈이다. 이맘때면 쾌적하기 이를 데 없는 샌프란시스코를 두고 하필이면 무더운 서울의 유월을 살러 온 것도, 두고 간 소소한 일거리와 함께 그 친구의 얼굴이 떠올라서였다. 형제처럼 마구 엉길 수 있는 그녀와 찻집에 앉으면, 작별의 시간이나마 미리 알려 따뜻한 마지막을 장식하고 싶은 충동에 빠지곤 했다. 말없이 떠나기는커녕 예의 그 애매한 흘리기의 계율마저 깨고선, 한껏 석별의 정이나 누리면 그만일 것이었다.

부랴부랴 떠날 날짜를 알렸고, 그런 우리의 이별식은 지하철역까지 이어졌다. 늦은 오후 3호선 열차는 노인석까지 빼곡 차서 동석을 허용하지 않았지만, 작별할 시간이 가까울수록 우리 둘은 서로의 얼굴을 놓치지 않으려 발돋움했다. 손을 흔들며 몇 정거장 먼저 내린 나는 그녀를 태우고 사라지는 열차를 한참이나 눈으로 좇았다. '떠날 때는 말없이'를 선사하지 못하고 환송식까지 치르게 한 건 민망한 일이었지만, 미진하지 않은 우정쯤은 쌓였으려니 생각하니 든든하기만 했다. 아쉽게 묻히고 말았을 서로의 인생고를 주고받았을 때 나누었던 따스한 공감은 말할 필요도 없다.

하지만 못 말리게 한심한 느낌이 드는 것도 사실이었다. 수없이 돌아오고 떠나는 일방적 여정에 구태여 이별식까지 치러가며 이런저런 장면을 연출할 필요는 없었으니 말이다. 아무래도 어처구니없는 결례를 저지른 건 아닌지.

　단아하고 깔끔하기가 부드러운 칼날 같던 법정 스님의 "제발 순간순간에 집착하지 말라"는 법문이라도 실행에 옮겼다면, 그 친구의 시간을 빼앗지 않아도 됐을 것이다. 그러니 다시 한번 그 여인의 이별 노래와 비움의 철학을 떠올리지 않을 수 없었다. 죽어도 내가 닮지 못할, '떠날 때는 말없이'의 미덕을!

　이도 저도 어렵기만 하던 나를 이쯤에서 용서해 주고도 싶은 마음이다. "사람들과 함께함이 오히려 더 고독한 법"이라며 자연과의 합일을 주장했던, 헨리 데이비드 소로Henry David Thoreau(1817-1862)마저 세상과의 교류를 그리워한 적이 있지 않던가. 다만 나로 말하자면, 일흔이나 넘어 익숙한 곳을 떠나볼 생각을 했으니, 그 사람의 반의반만이라도 준비된 마음이어야 하지 않았을까.

　돌아온 이곳, 아침을 머금은 태양이 멀리 가까이 손짓하는 샌프란시스코에도 그리움처럼 이별이 뜬다. 노트북을 펼치고 장거리를 앉아 갈 수 있는 지상 전철, 칼 트레인Cal Train 역사엔 한 묶음의 사람들이 모여 있다. 커피 컵을 돌려 잡은 아가씨와 이어폰을 낀 청년, 곱슬머리 아이와 책을 든 노인, 그 옆에 선글라스를 낀 중년 여인까지. 그들은 모두 어디에서 무슨 사연으로 떠나왔고 어디로 흘러가는 걸까. 그러나 그 누구도 묻지 않는다.

 삶의 길목에 단편처럼 서 있는 사람들. 어쩌면 그들은 얼마 전에 떠나온 곳을 소로처럼 흘려보내고, 자신 앞에 다가온 새 길을 걸어가는 중일지 모른다. 삶은 은연중에 이어지는 다른 곳으로의 여정이며 말 없는 떠남이기도 하기에.

불량 할머니의 바이러스 나기

　샌프란시스코의 4월이 비어 간다. 아무것도 가리지 않은 얼굴도 빌딩 사이를 누비던 발걸음도 온데간데없이, 꽃봉오리들끼리만 인사를 나눈다.
　온몸에 왕관을 쓴 반￦생명체 로고 하나가 브라운관에 등장한다. 아이부터 노인까지 한번 마주치면 가차 없이 쓰러뜨린다는 신종 바이러스의 확대 사진이다. 혹 남아도는 인구를 가뿐하게 정리하러 온 하늘의 전령이라면, 대상자가 되기에 손색없을 내 연령대는 순순히 항복해야 할까. 청춘을 지나고 중년도 넘어 빈들에 마른풀 같은 자태로 변했지만, 신비하기 이를 데 없는 생명의 주체를 받들고 이리저리 에너지를 부어주던 참이다. 살아간다는 거룩함은 언제나 힘을 주기에.

엄청난 전파력으로 세상을 혼란에 빠뜨린 생면부지의 미생물 탓에 풍요와 자유의 표상이던 아메리카 합중국도 셔터를 내렸다. 한 달 전만 해도 봄 여행을 고집하던 아들네는 자기 집 대문 밖은 물론 잠 방구리처럼 드나들던 우리에게서도 멀어졌다. 어제는 참을 수 없는 노파심이 일어 화상통화까지 넣어봤다. 가족끼리 지나친 사회적 거리 두기가 멋쩍다는 둥, 손녀들에게 할미의 '할' 자가 잊힐 것 같다는 둥, 구실도 넘쳤다. 깨알같이 웃으며 인사하는 그들 가족에게 "부디 조심들 하고!" 덧붙였더니, 돌아온 명대답은 "엄마 아빠 걱정부터 하세요!"였다. 알고 보니 남편과 나는 걸렸다 하면 한 방에라도 갈 수 있는 취약한 어르신의 표본이었던 거다. 자꾸만 젊은이처럼 씩씩한 태를 보이며 다른 사람 걱정이나 일삼던 나는 얼마나 불량한 노인이던지.

캘리포니아주 지사의 신속한 자가 대피령 덕분이었을까. 내가 자리한 샌프란시스코엔 미세한 피해만 내비칠 뿐이었다. 어마어마한 인구를 거느리고 남의 일인 양 기웃대던 뉴욕시에 가장 큰 불덩이가 떨어졌다. 자본주의 열풍과 현대 문명의 설렘으로 번쩍이던 곳이 단 며칠 사이에 한 번도 본 적이 없는 공포에 휩싸였다. 왜 하필 그곳에 딸아이가 살고 있었을까. 보통 때보다 더 자주 걸려 오는 화상통화가 오늘 아침 다시 울렸다. 부모 모두 재택근무라 드문드문 놀아주다 보니 농구공처럼 패스만 당하다가 울어버린다는, 외손녀의 얼굴이 떴다. 그러잖아도

올봄엔 돌보미를 자청해 날아가 줄 계획이었는데, 도시 간에 봉쇄령까지 내려 꼼짝할 수 없게 됐으니 타이밍 하나 못 맞추는 할미가 됐다. 노트북을 끼고 화상토론 해가며 엄마 노릇에다 일일 선생님까지, 아마도 제정신이 아닐 텐데 방역이나 제대로 할 수 있을지. 하릴없이 초조한 나는 무슨 무슨 비타민에다 보조 영양제까지 온갖 면역법을 들먹여 보는데, 그 애는 도리어 우리 칠십 대가 걱정되는 모양인 듯, 급기야는 서울로 들어가길 종용한다.

이런 난국에 저희만 볼모로 두고 가라니! 기가 막혔다. 생각만 해도 설레는 고국이지만, 위기 때 둘이서만 도망갈 양이었다면 애초에 건너오지 않았을 것이었다. 항공표가 여의치 않다는 핑계라도 대며 서부에 눌러앉아 지켜봄이 어떨까 싶었다. 한국에서 뉴욕까지 14시간보다 샌프란시스코에서 뉴욕까지의 6시간이 훨씬 덜 비정한 거리였을 테니 말이다. 대탈출처럼 이어지는 인천 공항 해외입국자들의 검역 절차도 아득해 보인 지 오래였다. 자칫 잘못하면 무증상 전염자가 되어 피해를 보탤 장본인이 될 것만 같아 움츠러들기만 했다. 선선히 들어가기도 지체하기도 탐탁지 않은 거취의 애매함이 부담으로 다가오던, 잔인한 4월이었다.

삶은 도전의 연속이려니, 하며 살아온 날들이었다. 젊은 날 찌는 듯

한 동남아로 이주한 것도 그 때문이었고, 남편 정년 후 20년이 가깝도록 미국 아이들 집을 들락이게 된 사연, 또한 이국 문화를 함께 안고 싶던 도전이자 욕망이었다. 나이는 단지 숫자일 뿐이라는 기분 좋은 말을 그대로 믿고 싶었다. 버틸 몸과 뜻만 있다면 얼마든지 자유의 날개를 달 수 있으리라. 그런데, 그런데? 어쩌다 찾아온 이만큼의 위기에도 덜커덕 자리 타령을 하게 되었으니, 내 꿈은 어쩌면 나이에 맞지 않는 불량한 도전이었을까.

생명공학자의 설에 의하면, 모든 지구상의 생명체는 39억 년 동안의 생존경쟁에서 살아남은 성공적인 개체들이란다. 그렇담 변이에 변이를 일으키며 숙주를 찾아 나선 코로나바이러스란 미물도 한때는 당당히 살아가던 나름의 생명 아니었겠나. 무엇이 그들을 일으켜 그토록 떠돌게 했는지, 왜 그렇게 인간의 육신에 깃들고 싶었던 건지, 두렵고 원망스럽다가도 안쓰러워짐을 어찌지 못하겠다. 차라리 하나의 장미꽃하고만 살아가는 단조로움이 싫어 잠시 잠깐 보금자리를 떠나온 어린 왕자라도 닮았더라면 좋지 않았을까. 코비드 19라는 구글식 명칭도 그가 살던 행성 B612와 비슷한 신호였으니 말이다.

지구 포함, 크고 작은 별들을 두루 거치며 늙은 왕에서부터 여우 친구까지 만나고 돌아간 불시착의 객처럼, 본의 아니게 이 땅에 깃들어 사람들을 고뇌케 하느라 힘들었을 바이러스 손님이여! 이젠 그만 자신의 별로 돌아가면 어떨까. 그간의 주체할 수 없던 일탈이 고의가 아니라, 지구별에 조금 더 적합한 세상을 알려주기 위한 절대자의 계획에 의한 것이라 여기며, 끄덕여 줄 수 있을 테니 말이다. 이제부터 우리 인간은 우리의 자리에서, 코로나는 본디의 자리에서 서로 탐내지도 말고 불평도 말고 앞으로의 수억 년을 나란히 함께하면 좋을 것 같다.

화상통화에 다시 뜬 4월의 뉴욕, 여기저기서 생명을 향한 외로운 투쟁이 이어진다. 맨해튼의 한 아파트 창문 아래에도 다섯 살 외손녀의 간절한 기도가 흐른다.
"하나님! 바이러스도 친구지요? 빨리 지구를 돌려주세요!"
그러자 건너편 빌딩 밖으로 손뼉 치는 소리와 함께 수많은 주민의 함성이 울려 퍼진다.
"힘을 냅시다. 우리 모두 제자리로 돌아갑시다!"
옳거니! 웅얼대며 바라보던 나마저도 회답을 준비한다.
"머지않아 넘치지 않는 곳에 자리할 모범 할머니, 이 사람을 소개합니다."

그대 저만큼 있네

장화와 산바라지

　음력으론 정월의 한가운데, 때아니게 포근한 날씨가 이어진다. 그런 중에도 뉴욕 사람들은 두꺼운 외투를 들고 다닌다. 몇 해 전 칼바람을 기억해 낸 나마저 패딩 하나를 꺼내두었다. 눈 또한 왔다 하면 어마어마하게 쌓이곤 했지. 딸아이가 결혼상대자를 선보이던 날도, 웨딩드레스를 찾으러 함께 누비던 골목에도.

　불혹의 나이가 되어 해산을 기다리는 딸의 배가 갑자기 불러온다. 다리도 예전보다 두 배 가까이 되었건만 웬일인지 무릎까지 오는 장화를 꺼내 온다. 자신은 엄두를 못 내지만 눈이 오면 내게 꼭 필요할 거라며 예행연습까지 시키는 모습이 나보다 어른스럽다.
　봄이 오면 광으로 되돌아갈 그 물건은 이번엔 헤어지기 전 한판을 나와 치를 참이었다. 할 일을 기다리고 있는 건 그들만이 아니었다. 임신 기간 내내 비염 중독증으로 고생한 딸에게 예정일을 흠씬 당겨 날아온 나는 이제나저제나 기웃대고 있었다. 못다 한 엄마 노릇을 톡톡히 풀어내고 싶은 심정은 그 애를 보자마자 눈덩이처럼 불어났다. 내 곁을 떠나간 후 내게 잠재워졌던 수십 개의 갈망이 한꺼번에 아우성을 쳤다. 가까이서 보살펴 줄 수 있었음에도 모른 척했다는 자책감에 차라리 한 판의 고해라도 치르고 싶었던 걸까.

미 동부 한 대학의 기숙사 계단 앞에서 헤어진 후, 나와의 수많은 만남과 이별을 거듭하며 쌓아온 이야기가 그 애에겐 산더미 같을 것이었다. 홀로 성공과 시련을 치르며 외로움을 달래는 동안 내 편에선 망부석 같은 모정만 날리고 있었으니, 우리는 다른 그림을 그리고 있었나 보다.

예정일이 닷새나 지난 저녁, 담당 의사의 검진을 받고 온 딸이 담담히 말해 왔다.

"일주일 정도 늦어질 경우, 유도분만을 해야지 된다네요. 엄마 덕분에 아기 몸무게가 갑자기 불었대요. 잘못하셨다는 건 아니고."

그런데 마지막 말은 더욱 단호했다.

"사실 우린 출근하느라 대충 먹고 살거든요."

기가 막혔다. 지금이 어떤 비상시기인가. 눈자위가 거무스름해질 만큼 고생스럽던 얼굴이 내가 식단을 맡은 후론 반들반들 빛이 났던 터라, 배신감 반 걱정 반의 야릇한 심사가 됐다. '어쨌든 순산이나 하려나? 저야 뭐라든 해주고 싶은 만큼 다 해주고 가야지. 부채처럼 미뤄뒀던 배려를 한번 질펀하게 맛보라지.' 혼자만의 생각을 주고받으며 기운을 냈다. 창밖에선 벌써 얇은 싸라기눈이 원무를 그리기 시작했다.

"조금씩 양을 줄이고 단백질 위주로 해보자!"

우리는 벌써 마음이 눈 녹듯 해서 침대 위에 나란히 눕는다. 동산 같은 배 위에 놓인 그 애의 손을 잡으니 조금 찬 듯도 하다. 하지만 피어오르던 훈계와 지침들은 안에서만 껄껄할 뿐 입 밖으로 나오지 못한다. 오랜만에 눈이나 펑펑 내렸으면! 누가 먼저인지도 모르게 잠 속에 빠진 우리는 못다 한 대화를 꿈속에서 웅얼댄다.

밤사이 태산 같은 눈이 내리셨나 보다. 이른 아침 문을 나서 허벅지까지 오는 눈덩이 속을 한 뜸씩 걷다 보니 어느새 센트럴 파크의 눈밭에 섰다. 아름드리 키 큰 나무들 가지마다 두툼한 눈 사탕이 달리고, 저만치 보도와 숲의 경계가 허물어진 눈안개 속에 어디서 온 건지 백 명은 족히 넘을 사람들이 펭귄처럼 서 있다. 에스키모 차림으로 서로서로 눈인사만 끔벅이는 순간, 눈보라가 그들 시선을 채어 간다.

곧이어 뿔뿔이 흩어지는 사람과 사람들. 그들을 바라보며 한참을 서 있었나 보다. '저리 빨리 돌아가진 않을 거다. 이제부터 그 애가 엮어갈

이야기의 새로운 한 대목이 되리니….' 웅얼거리며 눈밭을 헤쳐 나오는 내게 딸아이가 준 장화는 성실히도 임무를 완수한다.

　저녁 8시, 예측할 수 없는 밤이 시작됐다. 어젯밤 둘이서 병원으로 간 내외로부턴 아무런 소식이 없었다. 답답한 나는 링컨 센터 옆 애꿎은 성당만 들락이며 외기러기처럼 풀이 죽어갔다. 기약 없는 핸드폰 울림을 기다리던 사이, 무슨 연락이라도 와 있을까? 허겁지겁 열어본 메시지 난에, 어럽쇼! 문자가 떠 있었다.
　"촉진 주사 맞고 한잠 자고 났어요. 아직 감감소식이지만 걱정할 일은 없을 거예요. 혼자 조용히 있고 싶어 리치Rich(사위)도 형네 집에 보냈으니, 엄마도 뛰어오실 필요 없어요."
　시간을 보니 저 혼자서 밤을 새우고 새벽에 보낸 소식이었다. 여태도 혼자 타령인가? 기가 막혔다. 엄마는 무늬로만 와 있었나 싶어 속이 탔다. 사위가 자러 갔다는 말도 마음에 들지 않았다. 고꾸라질 듯 병원으로 향하는 발걸음은 빨라졌고 밤거리에 명멸하는 네온사인과 눈빛에 반사된 가로수의 점등은 얄밉게도 번득였다. 그때 스마트 폰이 대롱대롱 울렸다.
　"엄마! 예쁜 손녀딸 보셨어요." 또박또박 사위의 말소리가 들리자 온몸에 힘이 빠졌다. 딸 흉내를 내며 우리말로 '엄마'라고 부르는 스페인 출신의 사위는 언제쯤 나를 장모님이라 불러줄까. 그럼 난 동방예의지국에서 온 사람답게, "리 서방~" 할 텐데. 달려간 회복실엔 눕지도 않은 딸이 앉았고 그 앞에서 사위는 눈을 동그랗게 뜬 아이를 들까불고 있었다. 그 애는 "엄마, 나 제왕 했어요. 의사가 그쪽으로 베테랑이거든"하고는 설핏 내 표정을 읽으며 "이 애 좀 봐! 벌써 눈 크게 떴어. 예쁘지?"했다. 난 그만 울음 대신 와락 소리를 지르고 말았다. "그럼 두 민족의 합작인데 안 이쁘냐?" 얼떨떨하게 살펴보는 딸에게 눈가를 훔치며, "우는 거 아니야, 요즘 글이 잘 안 써져서 그래." 얼른 내뱉고선 아기를 안고 신생아실로 껑충껑충 뛰어가는 사위 뒤를 따라갔다. 제 마누라 수술 예후는 아랑곳없이 헤벌쭉해진 사위가 야속하기만 했다. "그렇게 좋아? 의사가 네 마누라 괜찮대?" 그러자 내 말은 듣는 둥 마는 둥, "물론이지요, 제 딸이거든요, 라라!" 테너 음색까지 입혔다. 순간 산모 쪽으로 방향을 튼 내 목소리가 복도를 때렸다. "그래? 그럼 저건 내 딸이거든. 나, 가볼게."

입원한 일주일간 산모는 잠도 자지 않고 젖을 물렸고, 산모 엄마는 미역국과 샌드위치를 들고 들락거렸다. 그 둘은 자기들의 역사를, 산모 엄마는 처음과는 다른 산바라지의 수필을 써갔다. 그들이 살아온 세상에 신종의 방식으로 다가간 며칠이었다.

퇴원하는 즉시 도깨비방망이처럼 뚝딱 차린 매끼와 옥바라지 같은 아기 돌보미 역은 고단하면서도 달콤한 꿈결이었던가 보다. 한 달이 지나자 시원 섭섭 들려온 어떤 말이 있었다.

"인제 그만 가셔도 돼요. 우리끼리 키우는 연습도 해야잖아요."

장화가 광 속에 들기도 전에 내가 떠나야 할 시간이 와 있었다.

"문제없겠니 정말?" 한소리만 연발하던 나는 새 생명과의 축제를 조금이라도 더 오래 즐기고 싶은 욕심이었다. 아무도 훔쳐보지 못한 그때의 내 속내를 섭섭지 않게 끝맺음해 준 건, 떠나는 날 포켓에 찔러준 한마디의 카드 말이었다.

"엄마와 오래 해서 정말 좋았어요. 제 아기를 만나고 가주셔서 고마워요!"

듣고 싶던 한마디, 바로 그 소리였다.

때로는 '말없음표'가 좋다

　선거가 끝난 주말 아침, 다음과 같은 플래카드가 붙었다. '사랑합니다, 주민 여러분! 여러분의 선택을 존중합니다.' 국회의원 선거에서 낙선한 후보가 물러가며 아파트 앞에 내 건 글귀로, 언뜻 보면 온화한 인품을 드러내는 듯도 했다. 개운치 못한 건 바로 그 "사랑합니다!"였다. 패배의 쓴잔을 마신 사람이 던질 말은 아닌 듯하여 공허한 기분이 드는 걸 피할 수 없었다.

　사랑이란 단어를 떠올려본다. 사실 이것만큼 기분 좋은 말도 없을 것 같다. 누구든 듣는 순간 아니, 들을 생각만 해도 세상을 다 얻은 듯 황홀하기 때문일 거다. 그런 '사랑'을 두고 동서가 격론하던 시간이 있었다. 묵은해를 보내고 새해를 밝힐 때마다 훈훈한 자리를 내주던 마닐라의 해외 공관엔, 사리를 두른 인도 여성을 포함한 동양 여인네와 짧은 드레스로 긴 다리를 뽐낸 서양 여인들이 함께했다. 간단한 뷔페가 끝나고 디저트 시간이 다가오면 허심탄회한 주제로 갑론을박이 오갔다. 그날의 화두는 사랑의 표현 방식에 관한 것이었다. 대화의 시발점은 어느 덴마크인과 결혼한 동남아시아 아내의 탄식이었다. 아침 인사를 '사랑한다'로 열고 출근했던 남편을 방금 다시 만났는데, 하루에도 몇 번이나 재창하던 그 말을 이 저녁엔 빠트렸다는 것이다. 창백해진 얼굴의 그녀는 안절부절못하는가 싶더니, 초대 신사들 속에 섞여 있는 남편에게 종종걸음으로 다가가 자기편에서 얼른 사랑한다! 말해버린다. 그때였다. 건너편에서 지켜보던 인도 여인의 눈꼬리가 올라가는가 싶더니 두런두런 경고가 울리는 것 아닌가.

"그걸 꼭 말로 하나요? 그냥 아는 것 아닌가요?"

그러자 옆에 있던 짧은 드레스의 서양 여인들이 '말도 안 돼!'라는 얼굴로 반격을 시작했다.

"사랑은 아무리 말해도 과하지 않아요. 그건 내보일수록 발전하는 거니까요."

순식간에 테이블 전체가 열을 띠었다. 그날만큼은 동양인인 나도 양쪽 주장이 똑같이 그럴싸하여 귀가 나팔만 해졌다.

사랑의 깊이가 그걸 표현하는 횟수에 정비례하는 것인지, 사실 내게는 감이 오지 않았다. 사랑이 과연 프런티어frontier 정신으로 발굴해야 할 신대륙인지도 알 수 없었다. 서양 여인들이 애호한 적극적 표현이란 인도 여인을 포함, 침묵 속에서 감을 잡던 우리에겐 낯 뜨거운 것이기만 했다.

  이런 우직한 감성은 동양인에만 국한된 것이 아니었다. 러시아혁명이 일어나기 전인 1905년경, 우크라이나의 작은 마을에서 우유 가공업을 하며 살아가던 한 유대인 가족을 보자. 뮤지컬 영화 「지붕 위의 바이올린Fiddler on the Roof」은 새로운 시대로의 변환기를 맞은 어느 고루한 가장의 애환이 돋보이는 작품이다. 주인공 테브예는 밀려오는 신지식의 틈바구니에서 소멸해 가는 유대 민족의 의식을 혼신으로 지켜내려 하지만 속수무책이다. 딸들은 스스로 선택한 결혼상대자들을 한사코 받아들이지 않는 아버지에게 '사랑'이란 강력한 무기로 맞선다. 어느 날 가슴에 파고든 이 단어의 의미에 동화된 테브예는 가사에 몰두하는 아내 골데를 넌지시 찔러본다. 굵고도 부드러운 남편의 음성이 '두 유 러브 미Do you love me?' 하고 노래하자 어이가 없어진 골데는 '두 아이 러브 유Do I love you?'로 맞장 뜬다. "글쎄요, 당신을 위해 평생을 밥하고 빨래하며 가족을 지켜왔지요. 아마도 그것이 사랑일까요" 하곤 비껴간다. "사랑하고 말고요"라는 직답으로는 그려낼 수 없는 자신만의 사랑 철학을 노래한 거였다. 오로지 성실함으로 의미를 함축한 그야말로 지고한 '사랑합니다'가 아니었나 싶다.

결혼 초년생 시절의 나와 그걸 지켜본 아버지의 모습 또한 그랬다. 서울에 신혼집을 차리고 시댁이 있는 대전 근교까지 시간 강의를 나가던 날이었다. 늦여름의 어느 오후 강의실 밖을 나오자 눈앞을 분간하지 못할 장대비가 퍼붓고 있었다. 그때 희뿌연 빗줄기 속에 우산도 받지 않은 한 사람이 흙탕물을 쓰고 장승처럼 서 있는 것이 보였다. 가까이 다가서니 대전으로 한시적 출장을 온 아버지였다. 자신의 몸이 젖는 것은 아랑곳없이 딸만 걱정됐을까. 아버지는 "비 오는 데 이 무슨 짓고!" 하곤 고개를 돌리더니 어눌하게 내 한쪽 팔을 잡았다. 서울행 터미널로 향하는 자동차 안에선 할 듯 말 듯 아무 말씀도 안 하셨다. 전송 나온 시어머니께 인사를 마치는 출가외인을 먼발치에서 바라보던 아버지께 나는 눈길조차 못 드린 채 버스에 올랐다. 못 박힌 듯 움직이지 않던 아버지의 모습이 점점 멀어져 더는 보이지 않았을 때야, 나는 눈물을 닦아냈다. 짧은 시간이었지만 그때 만난 아버지의 묵묵한 지킴이는 지금까지도 가슴 한편에 소리 없이 흐르는 강물 같은 사랑이다. 돌이켜보니 그때도 이후에도 나 또한 "사랑합니다!"라는 말을 해드린 적이 없다.

하지만 말 없는 사랑은 언제까지나 유효할까? 지금은 표현하는 사람이 더더욱 성공하는 시대이니 말이다. 우리네 아들딸만 보아도 사랑의 제스처는 청량음료처럼 젊은 영혼들을 지배하는 것 같다. 그들 하루는 달콤한 사랑의 표현과 함께 눈을 뜨고 잠이 든다. 요즘은 나마저도 그들에게 건네는 이메일의 마지막 줄을 'love, 엄마'라는 말로 장식할 정도다. 오늘을 사는 엄마로서 조금 더 표현하고자 그들 세대에게 다가가는 것 같다. 이제 '사랑합니다'란 말은 서양 여인들이 즐겨 쓰던 수사법을 넘어, 우리 구세대에게까지 필요 불가결한 양식樣式이 된 것 같다.

그런 내게 또 하나 예상치 못한 일이 일어난다. 달콤하고 아늑한 그 말은 입 밖으로 나오기가 무섭게 의미가 달아나 버려, 심심하기 짝이 없는 것이다. '사랑합니다'라는 말이 쉬워질 때마다, 그때 그 인도 여인의 자족하던 눈빛과 영화 속 골데의 사랑 이야기, 또한 아버지와의 그날이 고개를 들기 때문이다. 내겐 아마도 그들의 '말없음표'가 좀 더 친숙한 사랑 방식인지 모르겠다.

신호를 건너는 동안 눈에 담은 그날의 플래카드를 다시 떠올리며, 한 정치인의 용기 있는 '사랑합니다!'도 예의나 형식이 아닌 속 깊은 여운을 이어갔기를 빌어본다. 사랑 없인 그 어떤 것도 기지개를 켜지 못하지만, 정성스럽게 이루어진 건 모두가 말 없는 사랑에서 나온 것이므로.

오늘 저녁은 어떠세요?

오랜만에 내린 비가 메마른 대지를 적시던 날 오후였다. 자박대던 소리가 멈추자 기다린 듯 핸드폰이 울렸다. 이국의 한때, 적막을 깨뜨리는 '카톡! 카톡!' 알림 소리가 다급하고도 경쾌했다. 무슨 소일거리가 없을까 두리번대던 한량을 구제해 줄 한 건이거나, 아니라면 모처럼 맞은 홀로의 자유를 송두리째 휩쓸어 갈 복병이겠거니 했다. 덮치듯 가족 단톡방을 클릭하자, 낯익은 문자가 벙실댔다. 알짜배기 큰애와 천방지축 쌍둥이, 그네들의 엄마인 며느리에게서 온 한 줄이었다. "어머니, 오늘 저녁에 시간 되세요?"

우리 부부 이름과 그들 부부 이름이 하나하나 떠 있는 단톡방에서 우리는 가끔 풍성한 문자를 나누었다. 친절한 기계가 아들과 나만의 대화방도 제공했지만, 한 여인의 남편이 되어버린 그 애와 사사로이 소통하기가 계면쩍던 나는 이 네 사람 방을 선호했다. 그녀의 응답이 주를 이뤘고 내 아드님의 필치는 가물에 콩 나듯 했지만, 산다는 것이 다 그런 것이었다. 어느 틈에 쿨해지고 싶은 시어머니 콤플렉스라 해도 좋았다. 느낌이 그다지 나쁘지 않았으니, 담장 위로 뻗어 오르는 오뉴월의 장미처럼 은근한 끈기가 있어 좋았다.

그네는 곧잘 다음 주 화요일은 어떠세요? 내일 저녁은 어떠세요? 라고 물어왔다. 그런데 시방은 며칠 후도 아니고 내일 저녁도 아니며 바로 오늘 저녁이어야 하고, 그것도 서둘러 밥시간에 맞출 수 있겠냐는 시급한 부탁이었다. 주중이라 식솔끼리 지내야 할 시간인데도 초대해 오는 뜻이 "어머니, 아니 엄마! 아기들 좀 봐주세요!"인 것 같아 얼른 예스부터 하고 봤다. 병아리 셋의 어미 노릇을 하느라 이리저리 휘몰아치다 고갈되어 버린 그녀의 일주일분 에너지가 내 앞에서 헐떡이고 있었다. 유아원으로 꼬맹이들을 데리러 가기 전에 일찌감치 저녁거리를 준비해 놓든지, 아니면 십팔 번인 돼지고기 두부찌개를 즉석에서 만들어낼 요량일 테니 그리 힘들진 않으리라. 그럴 모습을 상상하니 한소끔 솟던 걱정들이 빙그레 잦아들었다.

일찍이 석가는 동가식서가숙東家食西家宿하며 빈부를 가리지 말고 일곱 집을 고루 탁발하라 설하셨다. 빈한한 이들에게 베푸는 것만을 자랑치 말고 거꾸로 이쪽에서 걸식할 수 있는 낮은 자세를 취해보라는 말씀이었다. 남에게 덕행 할 수 있는 길을 터주는 것을 더 큰 보리심으로 내비치신 게 아니었나 싶다. 그러니 며느리를 절대로 힘들게 하지 않겠다던 신념이 바쁜 중에 베풀어주는 그녀의 소박한 저녁상 앞에 머리를 숙이는 건 당연한 일 아니겠나. 그녀 특유의 찌개 끓는 냄새와 직장에서 돌아온 아들이 얼씨구나 두른 앞치마를 곁눈질하며, 어린것들 손을 잡고 한바탕 춤을 추면 되는 일이었다. 쉽게 살자! 그냥 한 끼 얻어먹고 말자! 마음을 먹곤 백업으로 내놓았던 부식 거리를 제자리로 돌려보냈다. 인생이 한결 가뿐해진 느낌이었다.

"나이 들면 제 몸 돌보는 일보다 중요한 게 무엇이야."

강조하던 쌍둥이 할아버지가 그날 저녁 내 건강 상태를 물어왔다. 아들 가족과 마주하는 것이 아무리 법열에 가까운 기쁨이라 해도, 무게가 늘어난 세 아이를 번갈아 안아줄 양은 그리 간단하지 않을 것이라며 머리를 갸우뚱했다. 분방하기 이를 데 없는 밥상에서 겨우 밥 한술 뜨려 들면, 그러잖아도 고장 난 소화기관이 더더욱 말썽을 부릴 게 당연지사가 아니냐고도 했다. 사실은 언제 우리 쪽으로 들이닥칠지 모를 그들을 위해 빗속을 뚫고 과일 장을 봐 오느라, 눈에 아지랑이까지 돌던 중이었다. 내 나이를 거쳐 간 조상님들의 참으로 작년 다르고 올 다르다! 하시던 말씀이 자꾸 떠올라 그만 딱 드러누워 오수에나 빠졌으면 좋을 듯했다.

　저녁 초대만도 그랬다. 예정에 없던 시간대에 수영연습을 다녀온 남편에게 맞추느라 늦은 점심을 치르지 않았던가. 5시 반이면 저녁 식사에 돌입하는 그네 식구는 온종일 설레발을 치다 돌아온 저녁 비둘기들이지만, 하필 그 시간에 우리의 배꼽시계가 돌지 않을 것은 불을 보듯 뻔한 일이었다. 그런 사정을 솔직하게 토로하며 노! 했더라면, 그래서 모처럼의 기회를 놓친 것에 서운했을까. 그런 나를 드문드문 다시 내리기 시작한 보슬비가 달래준다. 초대에 응하지 않아도 별일이야 없을 거라며. 그래도 막상 가보면 특별한 저녁이 기다릴 거라며.
　아니나 다를까. 우당 탕탕! 쌍둥이들이 서로를 공격하더니 밥상 위가 난장판으로 변했다. 이쪽저쪽 양분하느라 곤궁하게 내닫던 내 관심이 대체로 불만이었나 보다. 그러자 피로가 덕지덕지 붙은 내 왕자님이 달려와 양쪽 모두의 심술을 받아 내느라 정신이 없지 뭔가. 한소리 거들려 해도 눈치가 보여 '못나긴! 차라리 제 밥이나 먼저 끝내지' 하며 속으로 참는 것도 동이 나버렸다. '오늘 저녁은 어떠세요?'가 '오늘 저녁 혼 좀 나셔도 되겠어요?'는 아니었을까 싶어 피식 웃고 말았다.

　돌아오자마자 노독을 추스르지 못해 그대로 잠들고 난 아침, 중천에

뜬 해님이 어젯밤 일들을 구름처럼 몰아왔다. 빗방울을 머금은 풀잎들이 속닥속닥 배웅하던 대문 밖, 하늘의 별이 밤하늘을 밝힐 즈음 우리는 얼씨구나! 하고 해방이나 된 듯 서둘러 돌아섰지 아마. 그때 "사랑해요, 할아버지 할머니" 하며 수도 없이 닫혔다 열리던 대문 소리. 그건 영원히 누렸으면 좋을 천국에 가까웠다. 얼마 전의 전쟁터는 종적을 감추고 천사들의 웃음소리만 가득하던 것을.

　수영 연습을 나갔을까. 할아버지마저 부재중인 텅 빈 거실에서 이번에는 내 쪽에서 다급해지기 시작했다. 며느님은 언제 다시 초대 문자를 올려줄까. 내일도 좋고 오늘 저녁이면 또 어떠하랴! 시어머니는 단박에 달려갈 것이니 말이다. 석가모니께서 조금만 더 풍요로운 자비심을 내려주시면 되는 일이었다. 그 순간 며느리를 사랑하는 방법은 바로 그것이었으므로.

당신은 자유롭습니까

 들으십니까? 상항桑港(샌프란시스코)의 9월이 걸어오는 소리를요. 이곳에선 바로 이달이 여름의 시작이란 것도 아시리라 믿습니다. 오늘은 하늘이 푸르다 못해 창백합니다. 풀밭에서 종종대다 큰 나무로 솟아오른 새가 방금 자유를 찾아 날아갔습니다.

 그러고 보니 당신이 떠나신 지 달포나 되었습니다. 서글서글한 눈매와 털털한 웃음으로 사람과 사물을 맞이하던 그대를 안사돈이라 부릅니다. 수십 년 전 이주하여 시카고에서만 쭉 생활해 온 당신은 한국 사람들이 갖추는 격식이나 체면과는 무관한 편이었지요. 상견례 차 방문한 이 사람이 제래 예의를 갖추려 했을 때도 말이에요. 주저도 거리낌도 없는 당신 분위기에서 제가 가져보지 못한 자유스러움을 엿본 듯합니다. 그리 알아본 제가 맞습니까.

그러곤 오래지 않아 당신의 자유 선언을 들을 날이 왔습니다. 며늘아기의 남동생이자 당신의 아드님이 서울에서 혼례식을 치르는 날이었습니다. 주례 없이 치러진 간단한 예식에서 인사말 차례가 왔을 때 바깥사돈께선 자식을 떠나보내는 소회를 자유에 비유했지요. 당신 또한 하객인 제게 동의라도 구하듯 말했답니다. "저는 진즉에 벗어나 자유롭니다. 그쪽은 아니세요?" 그때 저는 대답을 드리기 민망하여 멈칫하였나이다. 오랜만에 고국으로 나들이 온 아들 식구를 맞느라 살맛이 한참 나던 참이었으니까요. 이 사람에겐 하늘의 선물인 그들을 멀리함이야말로 부자유스러운 일이지요. 그런 저를 시대에 뒤진 사람이라 일축하셨을지 모르겠습니다.

그나마 다행스러웠던 건, 어느 날 문득 우리의 다름을 좀 더 이해할 계기를 만났던 거랍니다. 그건 바로 글쓰기 수업을 하는 내내 감지한 우리네 사람들의 다양성이었지요. 전통 된장 같은 제 사고와 당신의 햄버거 같은 간소함도 단지 인간 내면의 여러 갈래 중 하나라는 것도요.

그런데 참! 아들네로부터 홀가분해졌다 하시면서 정작 딸, 사위로부터는 그렇지 못하던 당신을 기억하시나요. 얼마 전의 자유선언일랑 까마득히 잊은 듯, 한 아름의 정성을 쏟으시는 정황을 지켜보며 오호라, 드디어 보통 할머니가 되셨구나! 생각했답니다. 우리 두 사람의 로망인 첫 손녀와 얼마 후 동시 출생한 여동생들의 재롱 속에 한참씩이나 노니

시느라 예전처럼 자신으로 돌아가지 못하는 당신을 볼 때마다, 이젠 제게 자유의 날개를 달아주신 듯하여 내심 반가웠습니다.

　오색풍선이 수를 놓던 쌍둥이의 첫 생일이었습니다. 육순을 기념하러 떠난 플로리다 여행 도중 쓰러지셨던 당신은 한 주일도 되지 않아 영원한 이별을 통보해 왔습니다. 그리 고대하던 축제의 날 그 장소에 말입니다. 손님들에 에워싸여 장미 꽃다발을 닮아가던 며늘아기의 얼굴이 새하얗게 변하고 출렁이는 긴 머리가 어깨 위에 들먹일 때, 차라리 저는 파라솔 위를 떠돌던 풍선과 드론 저 너머로 눈길을 돌렸답니다. 당신의 얼굴이 웃을 듯 말 듯 그 옆을 지나 광활한 하늘 저편으로 날아가는 환영을 본 듯하네요.

　당신의 자유란 어찌 보면 단숨에 생의 굴레를 떠나는 일이었나 봅니다. 저보고 놓으라 하시더니 열 살이나 더 젊은 나이에도 몸소 보이려 서두르신 겁니까. 뒤늦게 홀가분해지고 싶어 허둥대는 이 사람을 감쪽같이 묶어놓고 떠나시다니, 혹 쉽사리 놓지 못하는 저의 성정이라도 예측하셨나요?
　이제 다시 보니 가까우면서도 멀었던 우리 둘은 상대방 내면까지 공유하던 도반이었던 걸요. 당신에게서 자유의 변주곡이 들릴 때마다 알게 모르게 내 속 어디선가 터져 나오려던 비슷한 함성이 그것을 뜻함이요, 고루한 관습을 지키려는 이 사람을 장롱 속 보자기처럼 펼쳐 봐주시던 당신의 향수가 말해주곤 했지요. 우린 누가 봐도 생각이나 말투가 달랐지만, 그 차이의 하찮음에 쓴웃음을 지어버린 순간들을 기억하시나요? 집착이 많아 보이던 제가 먼저 놓아버릴 때가 있었나 하면 단박에 떠날 것 같던 당신이 더 오래 머물기도 했으니, 돌이켜 보면 우리 둘 다 고집스럽지 않은 변신의 여왕이었나 봅니다.

독일의 여류 작가 루이제 린저는 죽음을 주제로 한 짧은 산문에서 특기할 사항을 말했지요. "사람들은 맨 마지막에 치를 생과의 이별 전에 이미 수많은 죽음을 맞이한다"라면서요. "낯익은 것에서 멀어지길 꺼리며, 변화를 기꺼워하지 않으며, 성장의 아픔이 두려운 중에도, 용감히 그런 죽음들로 나아간다"라고도요. 마지막으론 다음과 같은 의미심장한 문장으로 저를 꾸짖었습니다. "그런데 왜 최후의 죽음에 대해서는 그러지 못합니까? 우리에게 주어진 것을 결국 내놓아야 한다는 사실을 배우지 않았나요?"

이 대목에서 저는 체념과 포기를 쾌속으로 안고 가던 당신의 일주일을 떠올립니다. 다시금 당신이 가까울 듯 멀어지네요. 린저만큼은 아닐지라도 순간을 놓음이 저보다 훨씬 쉬워서 깃털처럼 날아갈 수 있던 당신인가 봅니다. 불행히도 아직 그런 활달함을 갖추지 못한 저는 시간이 마땅한 마지막을 데려올 때까지, 눈앞의 크고 작은 죽음과 손실을 조금 더 오래 지켜보려 합니다. 그중 하나는 이마저도 벗어나라 당부하실 당신과의 최종 결별이지요.

　당신이 두고 간 경이로움과 슬픔이 가없는 하늘 속으로 이름 모를 꼬리표를 달고 날아가네요. 이제 삶은 다시 또 옷자락을 펄럭이며 걸어오겠지요. 우리가 함께 거닐던 아이들의 꽃밭에 막 성장의 아픔이 시작된 지금, 언제라도 불쑥 나타날 듯한 내면의 쌍둥이, 사돈이시여! 아직은 이루어야 할 일이 태산만 같은 저를 두고 당신 혼자서 진정 자유로우십니까?

그 아이의 손짓 발짓

 한 아이가 다녀갔다. 그 아이의 손짓 발짓은 진실을 알리는 표지였고, 하나하나의 말은 그런 욕구의 결정체였다. 간명하고 소중한 그 권리를 어른들은 간과하기 일쑤였다. 만약 우리가 자신 속의 한 아이를 미리 떠올릴 수만 있었다면 그리 무심하진 않았을 거다.

 11월 중순, 우수수 떨어지는 낙엽 위로 초겨울이 웅성대는 날, 덕수궁 뒷마당엔 발레복에 누비옷을 받쳐 입은 외손녀와 시린 머리를 중절모로 가린 할아버지가 있다. 방금 왈츠 무대의 파트너가 된 둘은 둥그렇게 울타리 진 벤치들을 끊임없이 넘나든다. 아이는 위에서 할아버지는 아래서 서로의 손을 떼었다 잡았다, 「사운드 오브 뮤직」의 명장면이 따로 없다. 멀리 떨어져 있는 아이 엄마는 눈에 넣어도 아프지 않을 듯 카메라 셔터를 눌러대고, 하늘은 가느다란 진눈깨비로 장단 맞춘다. 더 멀리 정각 앞 층계에 앉아 그들을 굽어보는 나는 영원히 그 자리에 못 박히고 싶다.

아주 오랜만에 만난 완벽한 그림, 그건 소리 내어 말하지 않아도 될 행복이었다.

모든 것이 순리대로 흘러간 건 그때까지였고, 곧이어 예상치 못한 일이 벌어졌다. 궁궐 한 바퀴를 돈 후 케이크 집까지 함께 걷자던 아이가 돌담길 초입부터 울음보를 터뜨린 거다.

"아야 야! 할아버지가 내 팔을 부러뜨렸어."

고분고분하다가도 떼를 쓸 때는 곧잘 연기를 한다는 애 엄마의 언질을 들은 후였다. 어른 셋은 곧바로 이성을 잃었다. 걸어가기 싫어 꾀부리는 쪽으로 쉽사리 단정한 우리는 무뢰한이 되어갔다. 시침 뚝 떼고 울음만 그치기를 기다렸을 뿐 아니라, 떠보기도 하는가 하면, 잠시 전 죽이 맞던 할아버지마저 냉담한 표정을 지어 보였다.

직장 일로 소식이 뜸하던 뉴욕의 딸이 한 달 전 샌프란시스코로 전화를 넣었을 때다. 추수감사절을 틈타 세 살짜리를 동반하고 서울로 친정 나들이를 하겠으니 귀국하는 내 일정도 그리 맞추면 좋겠단다. 개구쟁이 친손녀들과 뒤엉키는 동안 쌓인 피로 탓인지, 그들이 보고 싶고 반가우면서도 꾀가 났다. 서울로 돌아가면 몸에다 휴가를 주고 글도 좀 쓰며 혼자만의 시간을 갖고 싶었다. 하지만 자식 앞세우고 먼 하늘을 날아와 어리광을 부리겠다는데야 보탤 말이 있을까. 아들 식구 수에 치여 눈길을 많이 못 준 외손녀가 지금쯤 어떤 모습일지 궁금하기도 했다. 손짓 발짓, 표정이 모델처럼 다채롭다는 그 애가 말하기도 능숙하다니 그건 또 어떤 광경일지, 도착하지도 않았는데 웃음부터 났다.

거세진 눈발도 아랑곳없었을까. 생떼도 그런 생떼가 없었다. 흐느낌을 더한 그 애의 손짓 발짓은 행인들이 멈칫할 만큼 격렬해졌다. 두꺼운 외투를 입은 딸아이가 어르고 달래다 못해 예전보다 무거워진 아이 몸을 안고 뒤뚱거릴 땐, 어서 이 악몽이 그치기만 바랄 뿐이었다. 아이를 귀엽게만 여길 뿐, 진심을 알아보는 데는 문외한이었던 게 그날의 우리였다. 가까스로 찻집에 도착해 단것에 눈이 팔린 아이를 두고, 이젠 한판 쇼가 끝났으려니 했으니 말이다. 곧이어 그 애의 투정이 다시 시작됐다. "팔이 아파~. 누가~ 내 팔을~ 당겼어." 이번엔 할아버지도 지목하지 않고 사건 하나만 집중해서 호소했다. 우매한 우리는 또 하나의 단정을 내렸다. 서울 나들이를 톡톡히 기념하고 싶은 거지 뭐!

다 저녁이 되어서야 병원을 생각해 냈지만, 막상 응급실로 데려가기엔 장난감을 가지고 노는 양이 멀쩡하기만 했다. 다 나았냐고 물었더니 고개를 가로저으며 노! 를 연발했다. 그제야 애 엄마는 아이가 팔꿈치 빠진 일로 괴로워한 적이 있다는 사실을 고백했다. 당시 숙련된 의사가 조심스레 다시 넣긴 했지만, 시간이 가면 저절로 낫는다는 말도 했다며 대수롭지 않은 표정을 지었다. 그때였다. 세 살배기 외손녀는 건너 들었는지 아직은 여물지 않은 야들야들한 팔을 받쳐 들곤 자기는 병원엘 꼭 가야 한다고 또박또박 말해왔다. 아직도 어른들은 팔이 빠질 일이 없었다며 반신반의 중인데, 잠을 청하며 엄마 품에 안긴 아이의 얼굴은 어느 때보다 결연했다.

잠이 든 아이 위에 한 아이가 겹쳐 온다. 방금 공연을 마치고 내려온 여섯 살 소녀는 진즉에 무대가 자신에게 맞지 않는다는 걸 알고 있다. 어른들 틈에 끼어 집으로 걸어가는 밤길, 난데없는 소나기가 내린다. 발레 옷에 엷은 스웨터만 걸친 아이의 몸을 빗줄기가 사정없이 때린다. 오랜만에 모인 친지들은 환담을 주고받느라 사시나무처럼 떨고 있는 아이를 보지 못한다. 그 애는 너무 춥다며 온갖 손짓 발짓을 다 한다. 어른들은 가벼운 투정으로만 알고 그냥 지나친다. 얼마쯤 지난 걸까. 마침내 아이는 보도 위에 쓰러진다. 놀란 어른들은 부랴부랴 업어 왔고 열이 펄펄 끓던 그 애는 이튿날 하루가 지나서야 깨어난다. 속마음은 몹시 추웠노라 다시 말하고 싶던 아이, 나는 멋지게 춤을 추지 못한 것이 미안해 입을 열지 못한다.

　조금 전 또박또박 의사 표시를 하던 아이와는 너무도 달랐던 나! 문득 나는 그 구식 아이를 떠나보내고 새로운 이 아이를 보듬고 싶어진다.

　첫눈이 소복이 내린 아침, 의사를 보자마자 버둥대는 아이를 어른 셋이 붙잡아 들이자 딸깍! 단번에 일이 끝났다. "팔꿈치가 빠져 있었네요. 팔을 잡아당기기엔 너무 어리니 조심하세요!"라는 의사의 말이 끝나자마자 우리는 덕수궁 계단에서 멀리뛰기를 하던 순간을 떠올렸다. 하나, 둘, 셋! 노인네 둘이 신이 나서 아이가 뛰어오르기도 전에 팔목부터 당겼던 거다.

　눈바람보다 싸한 후회에 얹혀 탄성이 터져 나왔다. 아픔을 알리기 위해 온갖 신호를 보내고 어떤 회유도 마다한, 한 아이의 손짓과 발짓이 너무도 또렷하게 상기되어서였다. 존재의 가장 고귀한 자리를 '아이'로 규정한 철학자의 말을 빌리지 않아도, 이미 그 애는 자신의 곤경을 극복한 어른 위의 어른이었던 거다. 우리는 잠시 바보처럼 숙연해졌다. 팔심이 세어 사고의 주범이 된 할아버지가 보채지도 않는 아이를 번쩍 들어 올렸다. 아이가 말했다. "이젠 안 아파. 의사가 다시 넣었잖아!" 언제 그랬나 싶게 활짝 핀 얼굴로 재잘대는 순간, 비둘기처럼 찾아온 평화의 전사, 우리 속에 숨어 있는 무수한 아이를 보았다. 묻혀 있던 발레의 밤을 떠올린 예전 그 아이도, 부당한 회초리를 맞아가며 어른이 된 할아버지도, 언제 자기 얘기를 들어준 적 있냐던 딸아이마저도 함박웃음을 터뜨렸다.

  의사 표현이 뚜렷하다 못해 창의적인 아이, 세 살 외손녀가 무사히 제집으로 돌아갔다. 이다음에 다시 오면, 그 아이의 손짓 발짓을 하나도 남김없이 읽어내야겠다.

그대 저만큼 있네

딩동! 벨 소리에 문을 열자 꽃바구니 하나가 들어선다. 아들딸과 손주의 크기대로 어우러진 장미와 카네이션이 다채로운 핑크빛을 뿜어낸다. 눈과 코를 밀어 넣어 그들 향기를 맡고 본다. 거기 작은 메모지에 쓰인, '엄마가 무언가를 해주어서가 아니라 엄마 같은 사람이어서 감사해요'에 꽂힌다. 카메라에 부랴부랴 그 말을 담고 나서, 나 같은 엄마란 어떤 엄마였을까? 슬그머니 되짚어 본다.

메모를 엮은 솜씨가 아들네가 아니라 딸애인 것만 같다. 자식에게 무얼 해주겠다는 생각에 앞서 엄마 자신이 하고 싶은 일에 우선순위를 두라고 늘 당부한 그 애였으니 말이다. 흥겨움과 고단함을 도맡아 하던 할미 노릇을 잠시 접고 과감히 서울로 돌아온 결단을 감축하는 말이기도 했다. 아들 식구의 아쉬운 눈길을 뒤로하며 고국의 봄을 보겠노라 서둘러 나설 땐, 내 부재가 그들을 힘들게나 할까 염려도 했다. 유치원에 입학한 후로 한층 높은 대화를 들고 와 시간을 점령하는 큰손녀, 달라도 너무 달라 연년생처럼 딴 손이 가는 세 살배기 쌍둥이 자매, 그 셋은 나의 혼과 에너지를 앗아 가는 얄밉고도 당당한 도둑이었다. 그들 재롱에 혼을 뺏기느라 멀리 있는 외손녀엔 눈 줄 여가가 없어 미안한 마음을 전하면, 다른 사람 걱정 그만 좀 하라며 외할머니 감성에 쐐기를 박던 딸이다. 그 외동딸의 세 돌 때 내가 부쳤던 축하 부케와 비슷한 빛깔을 골라 담은 것만 봐도 그 애가 주선한 것이 틀림없었다. 자신들 부부 이름과 남동생 부부 이름을 알파벳순으로 나열하곤 '사랑하는…' 하며 끝을 맺은 것이 구태의연하면서도 갸륵했다.

서울을 들락거리는 내 모습이 힘겨워 보인다고 말하면서도, 엄마의 세상을 향해 날아가니 좀 좋으냐며 나보다 더 흥분하던 능구렁이였다. 그녀가 불쑥 던진 말,
"지체하지 마세요. 인생이 진짜 빠르게 흐르는 거 알죠?"
그 한마디는 할머니 배역에 충실하며 던져둔 또 하나의 삶을 일깨워 준 고마운 추임새였다. 저만치에 있는 옛 친구들, 고향 집 책장에 꽂힌 문예지 속 세상 이야기, 그리고 한쪽에 밀어둬 잊혀가던 내 작은 글쓰기… 등등.

꽃바구니에 매달린 메모지엔 그동안 부모로서 베풀어준 자비로움에 감사하단 말도 있었는데, 그곳은 차마 부끄러워 읽지를 못하겠다. 일찌감치 품을 떠나 서쪽으로 갔던 아이들과 윤리와 전통을 붙들고 동쪽에 머물던 내가 그간의 면면한 왕래로 얼마간의 괴리를 메꾸어온 건 사실이다. 하지만 나는 그들이 사는 세상을 일말의 편견 없이 감싸 안지 못한 구시대적 엄마였을 뿐이다. 이런저런 핑계로 떨어져 있는 것이 어느 땐 홀가분하고 편안했으니, 아가페적 사랑의 엄마가 아닌 것만은 분명했다. 자식들이 내게 부여한 덕목이 '용기를 낼 수 없을 때도 용기를 내는 것'까지 포함된 것이라면, 나는 반대로 옹졸하여 마음을 열지 못한 엄마였으니….

 그런 유한성을 지녔던 나도 크게 용기를 내어본 날이 있다. 불볕더위가 막바지에 닿던 이태 전 팔월이었다. 하와이 여행을 준비하고 있던 아침, 베란다 창틀에 어디서 날아왔는지, 풋풋한 비둘기 두 마리가 사이를 두고 앉아 거실을 기웃거렸다. 한참을 웅성대다가 내가 다가갔을 땐 놀라지도 않고 슬그머니 떠나는 모습이 뜻 모를 빚쟁이 같기도 하고, 아는 이처럼 정겹기도 했다. 정오가 채 안 되어 아들로부터 소식이 날아왔다. "쌍둥이들 방금 탄생했어요!"

 탄성이 터질 만도 했다. 내 집 창까지 찾아온 한 쌍의 비둘기는 이란성쌍둥이 손녀들의 정령이었으니 타이밍 한번 절묘했다. 저만치 기다리고 있다가 할머니 놀러 좀 가려는 시간에 그렇게 온 것이다. 같은 시간에 둘이서 시샘이나 하듯 세상 빛을 보는 걸 마뜩잖게 여기던, 내 마음을 미리 알아차린 건지 모른다. 마침내 엄마 손이 빛을 발할 때가 되지 않았냐는 아들의 호들갑에 흠칫하기도 했다. 뿌듯하면서도 막막한 숙제 한 뭉치가 와이키키 해변의 밀물처럼 밀려드는 걸 막을 수 없었지만, 연민의 정이사 파도처럼 스치고도 남았다. 제2 인생은 글쓰기에 재미를 붙여야 했는데, 운명은 슬그머니 할미란 직분으로 안내하며 또 하나의 모성을 일깨우고 싶었던 게다.

"이제 그만큼 다녔으면 됐어. 이가 없으면 잇몸으로 해결한단다."
 지인들의 충언은 간헐적이면서도 끈질기게 이어졌다. 손주 돌보기를 계기로 마주치게 될 자식 세대와의 정서 읽기가 글쓰기보다 난해하지 않겠냐는 암시로 들렸지만, 그때마다 질세라 비둘기 가족을 향해 돌진했다. 딱히 임무가 불러서라기보다는 나 자신 답답이 모성을 뛰어넘고 싶어서였다. 유한한 엄마, 무늬만인 할머니를 넘어 무궁무진한 아가페를 실현하는 길이기도 했다.

"좋은 할머니가 되어주셔서 고맙습니다!" 덕담하던 며느리는 어느 날 무엇을 감지했는지 영리한 제안을 해왔다.
"어머니! 스트레칭 클래스가 좋은 게 있데요. 평생 대학에 등록해 보심이 어때요?"

　손주들 일이라면 붕붕 날던 내가 더러는 멍하게 사색에 빠져든 때도 있었나 보다. 그럴 때마다 아들 부부 역시도 '엄마 같은 엄마'를 염두에 두고 있는 줄은 몰랐다. 내 마음이 미세먼지에 가려 있어, 가깝게 있으면서도 그들 진심을 읽지 못했던 듯하다. 가끔 자신들 세상만 펼쳐 대는 중이러니 하며 섭섭해하기도 했으니 말이다.

　오늘의 꽃다발처럼 그들 역시 융숭한 대접을 준비하고 있었기에, 이렇게 멀리 있는데도 가까이 느껴졌는지 모르겠다. 아들딸, 손주 모두는 밀려왔다 쓸려 가는 밀물과 썰물처럼 가깝게 멀게, 혹은 고도처럼 늘 저만큼 있어 나를 설레게 했던 것을.

　오월이 모처럼 제 계절을 데리고 온 아침이어선지, 오늘은 미세먼지 손님이 온데간데없이 사라지고 없어 가렸던 모든 것을 드러낸다. 한길 너머 파란 하늘 멀리, 관악산 줄기 하나가 새색시 눈썹 같은 아치를 그렸다. 때가 되면 고개 드는 작은 희망처럼 산은 늘 그렇게 서 있었던 거다. 잠시 잊을 만하면 고개 들어 추파를 보내는 비둘기네 가족, '엄마 같은 엄마'를 메모로 열어주는 딸아이, 그리고 내 보잘것없는 글쓰기 시간…. 그 모두도 늘 저만큼 있어 식어가는 내 열정에 불을 지피는, 작고도 큰 꽃바구니였다.

2019년 어버이날에 부쳐

친애하는 마카르 제부시킨 님께
- 도스토옙스키의 『가난한 사람들』에 부쳐

　도스토옙스키의 데뷔작 『가난한 사람들』은 페테르부르크의 빈민가 하숙집에서 50대 하급 관리와 그의 먼 친척, 18세 고아 처녀가 뜰 하나를 사이에 두고 주고받은 서한체 연애 소설이다. 19세기 러시아의 가난한 이들 심리가 적나라하게 묘사된 두 사람의 대화에는 주어진 처지에 침몰하면서도 주변을 배려하는 다중적 내면이 그려졌다. 서로를 북돋우던 6개월간의 대화는 여주인공 바르바라가 부유한 지주와의 혼인을 통보함으로써 끝이 난다. 그녀 덕분에 지독한 궁핍 속에서도 문학까지 엿보던 남자 주인공, 마카르는 애절한 절규로 이별을 만류하는 마지막 편지를 보낸다. 선량하고 맹목적인 그와 달리, 광범위한 독서로 변화를 꿈꾸어 온 바르바라! 비록 그를 떠나긴 하지만 천성 또한 아름다운 그녀이기에, 실의에 빠진 연인에게 마지막 답신이라도 띄우지 않았을까. 본문에 그려진 그들 행적을 따라가며 내가 그 여주인공이 되어 가상의 편지를 엮어본다.

 소중한 벗, 마카르 제부시킨이여.

 하현달이 어슴푸레 두 개의 그림자를 드리우다 사라지는 새벽입니다. 조금 있으면 가련한 나 바르바라를 태운 말이 낭군이 될, 부유해서 힘 있어 보이는 브이코프 씨의 지휘 아래 페테르부르크를 빠져나가겠지요. 결국 당신과 함께 숨 쉬던 질척이는 이 도시를 떠나게 되는 것일까요. 우리의 이별만큼이나 슬프게 삐걱거릴 마차는 마지막에 주신 편지에서 당신이 그토록 염려하던 고장도 하나 없이 제구실을 다해 달려가겠지요. 당신에겐 청천벽력이 될 마지막을 향해서, 저에겐 거역할 수 없는 선택이자 가늠할 수 없는 시작을 향해서 말이에요. 마침내 대지주의 아내가 되어 어느 고장 어느 문턱에 첫발을 내디딜 때, 어쩌면 그건 당신께서 제게 이름 지으신 작은 새의 자유롭고 슬기로운 비상이 아닐지도 모른다는 생각에, 조금 전부터 떨고 있었다면 믿으시겠습니까.

 누구보다 친절한 마카르.

 지난 4월부터 9월까지의 우리 서신은 서로의 가난한 속내를 나누어 먹던 서글픈 노랫가락이었지요. 무엇보다 당신은 저의 결핍을 챙기느라 자신을 학대하던 고집 센 영감님이었습니다. 방금 제 쪽에서 일방적인 이별을 통보해 드렸는데도 한결같이 말이에요. 저의 결혼 예복에 달 하찮은 주름 장식까지도 최상을 구하러 동분서주하시다니, 떠나는 마당에 당신의 사랑을 믿고 염치없이 부탁드린 이 사람에게 화가 나지도 않았습니까. 그간에 보내주신 작은 제라늄 화분과 선물 상자들이 당신께서 칭송해 마지않던 부자 상관의 100루블 하사보다 결코 하찮은 것이 아니었음을 알고 있습니다. 가난한 사람들끼린 더 많이 베풀어야 직성이 풀리고 그래야만 가난의 슬픔을 잊을 수 있는가 봅니다. 우린 너무나 궁핍한 나머지 마지막 남은 한 가닥 명예만은 지키고 싶은 것이었는지 모릅니다.

하지만 마카르, 까딱도 하지 않는 가난이라는 신에게 언제까지나 충직할 당신을 향해 이제 저는 불경한 말을 하려 합니다. 어느 날 당신께서 천사라 불러주던 한 가닥 제 순수마저도 고결한 그대 영혼을 따라가기 휘청거렸음을 아시는지요. 아무래도 그렇지, 저같이 보잘것없는 사람을 돌보기에 급급해 자신을 구원하지 못한다면, 이것이야말로 진정한 불명예가 아니겠습니까. 집세도 내지 못한 당신이 월급을 가불하고 웃옷을 처분하면서까지 선물을 보내셨던 걸 알아내곤 눈앞이 캄캄하였답니다.

사랑만 해도 그렇습니다. 제 염려를 막기 위해 거짓으로 넉넉한 체하던 당신의 선심이 못내 부담스럽던 저는 과연 그대를 사랑하기나 했는지 모르겠습니다. 당신은 또 어떻습니까. 제 편에서 존경과 선망을 넘어 남녀 간의 애정을 표할 때면, 그까짓 무시해도 좋을 멀고 먼 우리 둘의 인척 관계부터 앞세우셨지요. 곤궁하다 하여 영혼마저 시들지는 않았던 저 바르바라가 남의 시선부터 챙기던 당신의 사랑 방식이 답답했노라 말씀드린다면 섭섭하실지 모르겠습니다.

영원토록 함께하기엔 멀고 먼 사람이여!
마지막에 주신 서신에선 다음과 같이 한탄하셨지요. 당신으로부터 떠나간다는 건 어울리지 않는 불행의 시작이라고요. 하지만 혹 아실지 모르겠습니다. 애초에 우리 둘은 가난과 박애 정신 외엔 무엇 하나 공유한 게 없었다는 진실 말이에요. 마침내는 그걸 깨닫게 되었으니 불행 중 다행이 아닐지요. 그나마 즐기던 서로의 독서마저 판이했던 것을요. 이웃 삼류작가의 소설에 탐닉하던 당신께 고골의 『외투』를 소개해 드리자, 가당치 않은 비현실적 얘기라며 탐탁지 않게 여기신 걸 알고 있습니다. 그렇지만 저는 주인공인 검약한 하급 관리가 갑자기 값진 외투를 걸치고 빙빙 도는 얼간이가 되었던 것처럼, 불현듯 부유한 사람의 아내로 승격하고 싶었던 건지 모르겠습니다. 제게 줄 선물을 사기 위해 해어진 프록코트를 팔아버리려는 당신과 달리, 저라면 자신을 위해 새 프록코트를 구매하는 쪽을 택할 테니까요. 어느 날인가 그걸 도둑맞고 허황한 유령으로 변하게 될지라도 말이에요. 당신의 어이없는 희생과 그걸 지켜보는 괴로움만 멈출 수 있다면, 아름다운 유령으로 떠돈들 무슨 여한이 있겠어요.

너무도 가련하여 속수무책인 마카르,

단 하나의 존재 이유라시던 제가 떠나면, 기울이던 삶을 통째로 잃은 당신은 한동안 의미를 잃고 방황하겠지요. 그럴 때마다 눈을 크게 뜨고 현실을 직시하시기 바랍니다. 신뢰하고 아끼던 작은 새 하나가 이제 막 둥지를 떠나 새로운 시작을 향해 날아가는 모습을요. 중년이 넘도록 하급 관리를 벗어나지 못한 채, 다른 이의 구원자로만 남고 싶은 연인이 못마땅하여 떠나가는 저를 상상해 보십시오.

당신께서도 얼핏 누군가의 말을 빌리어 "시민의 미덕이란 가난을 벗어나는 일!"이라 하시지 않았나요. 그런 결단을 먼저 내리는, 이 바르바라의 용기를 더는 탓하지 않으시리라 믿습니다. 이제부터는 자신을 돌보시어 가난 때문에 손해 보는 일이 없으시기를, 비굴하지 않으려다 비참해지는 일이 없으시기를, 그리하여 가장 중요한 걸 놓치는 시대착오적 주인공으로 남지 않으시길 간절히 소망합니다.

다만 곤궁한 시기에 나누었던 우리들의 진솔한 대화만은 조금의 평가절하 없이 마음속에 담아두겠습니다. 『외투』의 주인공처럼 불손하리만치 화려한 겉옷을 입은 채 어느 날 문득 스며드는 그리움과도 같은 한기를 만나면, 제일 먼저 당신을 생각할 테니까요. 마카르, 당신은 가난한 이들의 더없이 숭고한 표본이자 가난 그 자체였기에 말입니다.

경애하는 벗이여!

어느 날 당신께서 눈독을 들인 문학 모임에 다녀온 후 친절하게 써 보내신 문장이 생각납니다. "문학은 어떤 의미에서 일종의 그림이며 거울이지요"라고요. 그렇다면 우리가 디디고 간 엄청난 불행이 누군가의 손에 섬세한 필치로 그려질 수 있기를 바랍니다. 거기 비친 우리 인연의 한 가닥 순수가 먼 훗날 누군가에게 희망의 불씨로 살아나길 꿈꾸면서요.

마지막으로 당부드리고 싶은 것이 있습니다. 부디 그동안 즐겨 읽으시던 삼류소설을 거두시기 바랍니다. 제가 부쳐드린 푸시킨의 『벨킨 이야기』나 고골의 『외투』 같은 작품을 통해, 한층 더 다양한 인생사를 이해할 수 있으시길 빌어봅니다. 아울러, 당신께서 이제 막 눈을 뜨기 시작한 문학의 길에서 다시없는 희망을 찾으시길 바랍니다. 그것이야말로 다른 사람과 평생을 약속한 이 바르바라가 눈치껏 부치게 될, 어떤 우정의 편지보다 더 나은 특효약이 될 테니까요.

세월이 가도 영원히 소중함으로 남을 가난한 사람이여, 그럼 안녕히!

*월 *일, 당신의 충실한 벗 바르바라 도보로셀러바로부터

마흔여섯 살 딸의 모닝커피

눈을 돌려 먼 곳을 바라본다. "갈 사람은 어서 가야지…." 웅얼대는 내게 차량으로 향하던 딸애가 되돌아와 어깨를 감싼다. 오늘 아침 뉴욕행 비행기는 정시에 뜨나 보다. 슬그머니 몸을 빼자 "왜 또, 엄마…." 깊숙이 들여다보는 큰아이. 그렇게 힘들었냐는 듯, 미안한 표정이다.

그동안 서울 샌프란시스코 간을 젊은이인 양 촐랑거리고 다녔건만, 이번 자리바꿈은 만만치 않았다. 요란한 시차에 변이 바이러스라도 걸렸나 싶게 고뿔까지 맞았다. 나이는 숫자일 뿐! 으스대다 자연의 이치를 거슬렀거니 반성하면서도, 누군가로부터 토닥임을 받고 싶은 심정만 오롯했다. 며칠 전 뉴욕에서 도착한 딸이 재택근무를 하며 옆에 있다는 사실이 든든하게도 다가왔다. 만으로 마흔다섯이나 된 그 애를 한 해나 넘어서 만나게 되었으니, 흠씬 더 나이 먹은 어미는 엄살을 부려도 좋으리라. 딸이 있어 그리해 볼 수 있는 사치는 상상만으로도 달콤했다.

애석하게도 그 애 쪽은 경황이 더 없어 보였다. 얼마 전 통화로 이번 업무가 예상외로 팍팍할 것이란 소식을 알려 왔건만 그새 잊었다. 제 딴엔 절호의 기회랍시고 기상하자마자 자식을 밀어 넣고 끼니때만 비치다가 다시금 모니터로 돌아가는, 바야흐로 코로나 시대 워킹맘이었다. 나이 지긋한 딸과 연세를 많이 잡순 어미가 이맘때쯤 나누어야 할 화두는 꺼내지도 못했다.

그동안 가슴 한편에 묻어두고 시도 때도 없이 꺼내보기만 하던 딸이건만, 가까이 왔음에도 먼산바라기를 또 했다. 게다가 책상만 끌어안고 미동도 하지 않는 모습과 허물어진 자세가 쇠퇴한 줄 알았던 노파심까지 일으켰다. '아무리 분신이라지만 나처럼 아프면 안 되고말고!' 곧이어 고질이 된 무릎 병까지 쑥덕이자 한걸음에 그 앞에 내달았고, 추스르지 못한 푸념들이 쏟아졌다.

"대체 나이 먹어가며 이 무슨 고생이야! 제발 일어나 스트레칭 좀 하면 안 돼?"

곧이어 그 애의 뼈아픈 성토가 뒤따랐다.

"이번엔 더더욱 그냥 두어주십사 부탁하지 않았나요? 엄마는 아직도 진정한 사랑과는 거리가 멀어요."

워낙에 할 말은 하고 마는 아이였다. 더구나 낯선 나라 낯선 도시에서 외로움과 시련을 딛고 홀로 스타디움에 오른, 장성한 딸의 입에서 나온 지적이었으니.

태아의 성별을 알아내기 어렵던 시절, 집안 어른께도 늦깎이 부부에게도 손주이자 첫아이는 당연히 사내아이여야 했다. 그런 여망 때문이 있는지 처음부터 그 애는 톰보이로 자라났다. 게다가 해외에 체류하던 남편과 합류하려 부모님께 핏덩이를 맡겨두고 유학 가려던 철부지가 이 엄마였다. 처음부터 정을 떼기에 급급했으니, 자연히 고립된 아이로 자라날 수밖에 없었을 거다. 어느 날 뒤늦게 정신을 차려 허둥지둥 다가갔을 때도, 그 애는 가만히 혼자 두길 원했다. 세세한 보살핌을 기대하기보다 모든 걸 홀로 헤쳐 나가고 싶어 하던, 그래서 방심하면 몰래 외롭기라도 할 것 같던 아픈 손가락이었다. 그렇던 그 애가 훌쩍 아이 엄마 되어 내 옆에 와 있었다. 철부지 엄마의 손길이 이번만은 절실히 필요했는지 모를 일이다.

저도 모르게 '진정한 사랑'이란 화두를 던져놓고 자판만 두드리는 딸애의 모습은 그런대로 담담해 보였다. 제 말에 제가 놀라 속은 이미 풀려 있을지 모르지만, 워낙 곰살맞지 않으니 제 편에서 말을 걸어오긴 어려우리라. 엄마라서 던질 수밖에 없던 지당한 염려 한 조각에 미안하다 먼저 말하기도 겸연쩍지 뭔가. 무슨 뾰족한 수는 없을까? 평소 기복적인 기도라면 결벽증 환자처럼 꺼렸음에도, 어느새 기복에 매달리고 있었다. 기적이라도 일어나 제발 화해의 물꼬를 트게 해주십사 간구하는 일밖엔, 아무것도 없었다. 그리고 그 기도는 그 애에게 아침 커피를 끓여주는 일로 시작됐다.

새벽 5시, 커피 주전자가 막 끓어오르던 순간 어설픈 내 기도가 답을 해 왔다. 누에가 고치를 뚫고 나듯, 내 안에 묻혔던 아이의 염원이 터져 나왔다. 지난해 이맘때쯤 주택가를 걷다가 마주쳤던 한 장면이 그걸 도왔다. 하얀 대문이 반쯤 열린 앞마당엔, 떨어져 뒹구는 장난감 곰을 내려다보는 반려견이 있었다. 방금 그걸 떨어트린 녀석이 층계참에 서서 좀 더 나은 장난감을 원한다는 듯 물기 어린 눈망울을 들던, 무척이나 당혹스러운 순간이었다. 그러고 보니, 딸애의 바람도 늘 그랬던 것 같다.

그 애에게 걸리는 게 많던 지난날, 시모님께 민망할 정도로 내리사랑을 쏟던 나였다. 제아무리 베풀어도 부족하던 그건 주체할 수 없는 거대한 욕망이었다. 그럴 때마다 걱정이나 위로 같은 단순 음식을 거두고 용기와 지지의 큰 양식을 달라며, 사소한 염려 따위는 초월해야만 한다고 다그치던 그 애였다. 글쓰기에 전념한 덕에 내보이기 시작한 근래의 내 초연함이 근사하다 칭찬해 온 것도 엊그제였지 싶다. 이번에야말로 걱정만 하는 엄마란 걱정 안 해도 될 넉넉한 품을 찾은 게 틀림없고, 원초적 모성에서 진화해 해님 달님처럼 묵묵히 그 자리에 있기만을 바랐을 거다. 아쉽게도 그 부탁을 기억해 내지 못했으니, 진정한 엄마 되기란 그토록 어려운 길이었나 보다.

  여명이 비치려면 까마득한 오전 4시, 뒤척이는 제 아이를 잠재우고 거실 일터로 향하는 그 애의 발걸음이 저벅댄다. 뉴욕시간으론 벌써 7시. 곧 시작될 비대면 회의에 숨 고르기도 바쁠 것이다. 며칠 있으면 제 집으로 돌아가 한동안 만나지 못할 그 애에게 한 번쯤 다른 엄마가 되어보기로 한 아침, 뻐근한 팔다리를 깨워 기지개를 켜본다. 소리 죽여 방문을 열고 미끄러지듯 주방으로 나아간다. 손목 증후군에 시달리는 손가락으로 더듬더듬 커피콩을 갈고 필터 내리기에 성공한다. 이번엔 그 애의 처지를 안단테 아다지오로 읊으며 가장 긴요한 이해와 지지를 부어 넣는다. 군말 하나 없이 커피잔을 건네자, 멋쩍게 받아 든 워킹맘은 따끈한 김이 오른 한 모금을 홀쩍이더니 새벽부터 웬 고생이냐며 엄지척을 든다.

  그렇게 홀로 두고 내 방으로 돌아온 시간, 단숨에 내리던 달콤한 한숨을 잊지 못할 듯하다. 오랜만에 던져 온 마흔여섯 살의 미소도.

대문 앞에 줄지은 분꽃 위로 아침 햇살이 너울댄다. 한쪽 팔만 두른 그 애와 나 사이에 짧고도 영원한 순간이 흐른다. 징그럽다며 밀쳐 내자 싱긋 웃고 돌아서 가는 톰보이. 조금은 무거운 듯 가벼운 걸음이다. 그렇다. 너무 아끼고 다독이다 보면 사랑도 방황하는 법. 우리 부모님도 그 위의 조상님도 매한가지였으리. 아무렴, 다시 짓고 만 이번 회한일랑 회한이게 그냥 두자. 그리움으로 생겨난 외로움은 해님 속으로 날려 보내자.

그 애가 떠나고 난 늦은 아침, 모닝커피를 내려 마신다. 쌉쌀하고 달콤하다.

진주조개를 찾아서

로스코의 색면회화

이른 아침 알림 창에 '로스코 전시 피날레'란 일정이 뜬다. 당장이라도 동행 의사를 내비칠 대학 친구가 떠올라 초대 문자부터 넣고 본다. 휴일이라 별다른 약속은 없으리라. 있다 한들 취소하고 따라나설 막역한 사이다.

맥없이 밥만 먹자는 것이 아니라 차원 높은 전시를 관람하자는 권유에 즉답이 왔다. 그녀가 사는 아파트 정문에서 만난 우리 둘은 두어 정거장 떨어진 예술의 전당까지 한낮의 뙤약볕을 헐떡이며 걸어갔다. 예정에 없던 만남이라 신이 났던지, 다리를 혹사하는 일이라면 질색이던 그녀가 그날만은 꿋꿋했다.

햇살의 그림자가 로비를 쓸고 가는 오후였는데도 대기인원은 넘쳐났다. 사스 확진자가 오늘만은 제로라는 뉴스에다 뛰어난 추상표현주의 거장이란 소개 때문인지, 장안 사람들 반은 모인 듯 빽빽한 공간에서 우리 둘은 대기 줄의 꼬리를 잡고 이리저리 휩쓸렸다. 땀이 송골송골 맺히기 시작한 친구의 얼굴에 살짝 불편한 기운이 스쳤지만, 마침내 관람이 시작되고 몰입하다 보면 가라앉고 말리라.

빨려들 듯 진입한 전시 홀은 어두웠고, 사람들의 머리 위로 겨우 화폭이 보일 만큼 발 디딜 틈이 없었다. 우리는 초입부터 밀리고 헤어지길 반복하다 어느 공간에서 마주쳤다. 힘들어 보이는 기색이 채 가시지 않은 그녀 눈에 약간의 끄덕임이 담겼다고 느낀 건 공감을 향한 나의 바람이었을까.

"좋지?" 내 단호한 물음이 끝나기도 전에 그녀는 모처럼 난 공간을 향해 줄달음치는가 싶더니 어느 적갈색 광활한 단색 앞에 섰다.

"내사 모르겠다!" 생경한 표정의 그녀는 늘 그랬던 것처럼 오늘도 솔직 그 자체였다. 달아나는 그녀를 뒤따르며 하나하나 작품에 천착하던 나는 혼자 들뜬 것만 같아 노심초사했다. '어쩌지? 잘못 오자고 했나…'

워싱턴 국립박물관에 소장된 로스코의 주요 작품 50점이 현장 공사 탓에 우리나라로 나들이 온 건 내게 있어 다시없을 기회였다. 개막 전에 로스코 간담회를 연 철학가 강신주의 "우리를 깨우는 그림, 마침내 예술이 해냈다"라는 문구가 미술적 소양을 깨우쳐서만이 아니었다. 해외 유명 박물관에 전시된 20세기 그림 중, 단 몇 줄의 색 나뉨으로 크나큰 벽을 차지했던 이 화가의 기괴한 화면이 하나의 숙제처럼 다가왔기 때문이다. 애매하기만 하던 그림을 새롭게 음미할 좋은 기회를 어쩌다 마지막 날로 미루었을까? 자책하며, 그녀를 끼운 나를 데려갔는지 모른다.

러시아에서 태어나 10세 때 미국으로 이주해 온 마크 로스코Mark Rothko(1903-1970)는 세계대전의 소용돌이와 불우했던 어린 시절을 성인이 되어서도 기억해 낸다. 비극적 숙명이나 죽음과 같은 주제를 외면하는 사람들에게 말을 걸고 싶던 그는 그림을 그리며 이야기를 나누기 시작한다. 일시적인 전시 효과를 기대하는 것이 아니라, 작품과 관람자 간의 완전한 만남을 추구하려 든다. 그의 화폭을 마주하는 사람들이 자신들의 근원적인 내면을 만나 공감의 눈물을 흘릴 기적을 꿈꾸어 왔기에, 몸소 전시장에 나타나 관람객의 표정을 살필 정도였다 한다.

조금 전의 나 역시도 몇 개의 색들이 홀로 또는 서로 겹치며 파문을 일으키는, 「무제Untitled」라는 연작 앞에 서서 눈물에 맞먹는 한숨을 터뜨리던 참이었다. 하필 이런 때 내 친구가 사라지고 없다니! 그녀를 찾으려면 전시 공간 몇 개는 건너뛰어야 하는데…. 공교롭게도 그때 내 머리는 화가에 대한 상념으로 가득 차 있었기에 잠시 잊어보기로 했다.

로스코의 작품세계는 그리스 신화와 철학에서 영감을 받은 초기 구상회화에서 시작하여 '멀티 형식Multi forms(커다란 캔버스에 공간과 색을 함께 배치하는 형식)'으로 변천하다가 마침내는 몇 개의 색만으로 구도의 절제를 이루는, 이른바 '색면회화'로 정점을 이룬다. 그의 추상적 기법은 때때로 종교적 양상까지 띠어 보는 이로 하여금 고요한 법열에 빠지게 한다.

오늘의 관객도 환호하기보다는 침잠했고, 비평하기보다는 공감했다. 이대로라면 마감 시간까지 모두 한자리에 서 있게 될지도 모를 일이었다. 그런데 내 알토란 같은 친구가 내내 보이지 않는 거였다. 나는 서둘러 몇 개의 전시 방을 건너뛰어 복도로 난 출구를 기웃거렸다. 그녀는 아마도 지칠 대로 지쳐 바깥 어디에서 바람이라도 쐬고 있는 걸까.

「하버드대 벽화」란 타이틀의 족자가 걸린 벽 맞은편엔 텍사스 휴스턴에 소재한 '로스코 채플'의 축소판인 방 하나가 조성됐다. '세상에서 가장 신성하고 평화로운 곳'으로 유네스코에 등재된 그곳 채플의 그림 14점 중 7점이 원정을 와 현지의 분위기를 재현했다. 불 꺼진 고요한 자리, 먹색의 대형 캠퍼스만이 둥그런 벽을 이루며 잔잔한 빛을 흘리는 그 방엔, 눈시울을 적시며 어깨동무한 젊은이들이 있나 하면 서로의 손에 깍지를 끼고 깊은 사색에 잠긴 남녀도 있었다. 종교와 계파를 떠나 평화를 갈구하는 사람들이라면 누구나 한자리에서 명상하고 치유한다는 채플이 바로 거기 있었다. 그때였다. 나와 비슷한 연배의 한 여인이 희미한 불빛 속을 걸어 나오며 고개를 들었다. 그 사람의 눈시울에 영롱한 눈물방울이 매달린 순간, 앗! 나는 친구를 알아보고 말았다. 그녀 역시 거기에 있었던 거다. 문득 가슴 한쪽을 빠르게 관통하는 슬픔 같은 공감 한 줄기를 맛보았다. 로스코, 대단한 화가여!

  찻집에 앉으면 우리는 누가 먼저랄 것 없이 서로의 손녀 사진을 내놓고 한바탕 웃곤 한다. 그녀가 구십이 넘은 고매한 시어머니의 흉을 보면 나는 맞장구를 치고, 여기저기 쑤신다고 토로하면 나도 내 관절을 들먹인다. 하지만 주제넘게 내가 그녀의 고苦에 대해 심각해지려 들면, 얼른 아무렇지 않게 흘려버릴 정도로 명랑한 순발력의 친구다. 그런 낙천적 성격이 모든 걸 이루는지, 얼마 전 미국으로 건너간 둘째 아들이 쉽사리 경영학 박사학위를 따서 보란 듯이 대학에 임용됐다. 그런 그녀가 근래 아주 몹쓸 일을 당했다. 최근 여동생 셋 밑의 막내인 남동생이 신병으로 세상을 떠났고, 5년을 모신 치매 어머니를 이 소식을 숨긴 채 요양원에 모셨다. 살아온 중 가장 어려운 시기였던지 오랫동안 마다하던 종교도 가지게 됐다 한다. 오늘도 나를 만나기 전 이른 아침, 미사를 치르고 왔으리라. 그녀는 이 간이채플에서 내게 내보이지 않던 나머지 슬픔마저 치유했을까. 화가의 열망이 나보다 그녀에게 더 전해졌으면! 하고 바랐다.

우리 둘은 작가가 생을 마감하기 직전에 완성한 「무제(붉은, 1970)」, 일명 '피로 그린 그림'이란 오렌지 빛 단색 앞에 나란히 섰다. 공감을 부르짖던 화가는 외로움과 불안 속에서 혼자 떠나갔다 한다. 관람을 마친 우리는 저녁 어스름이 놓인 조금 전의 그 길을 말없이 돌아왔다. 무슨 말을 할 듯 말 듯 헤어지길 머뭇대다 귀가한 내가 핸드폰을 열자, 어느새 그녀의 문자가 떠 있었다. "정말 좋았어. 고마워!"

공감도가 어느 때보다 빠른 사랑하는 내 친구! 사실 우리는 서로에게 별난 도움을 주지 않았을 때도 '고마워!'라는 문자를 주고받긴 했다. 그날 밤은 이 말 뒤에 특별히 다이어트를 시작하겠다는 말까지 덧붙인다. 좀 더 소박해지고 가벼워지기 위해, 좀 더 간결해지고 충만해지기 위해.

"그래? 그래!" 자꾸만 끄덕여 주고 싶던 나는 전시장에서 만난 간명한 색면 하나를 안고 잠자리에 든다. 그동안 게을리했던 나의 절제력도 돌아보며, 로스코란 화가에게 감사하며.

큰고모의 프로파일

 나에겐 시간이 가도 잊히지 않을 얼굴 하나가 있다. 큰 바위 기슭처럼 밋밋했으나 호젓한 미가 우러나던 큰고모의 그것이다. 범람하는 성형미인들이 시들하게 느껴질 때면, 나는 불쑥 평범하고도 범상치 않던 그의 이목구비를 떠올린다.

 초등학교 시절의 여름방학, 우리 형제들은 불볕이 이글거리는 해운대 백사장을 모래범벅이 되어 뒹굴곤 했다. 부산에 살던 큰고모는 즐비하게 늘어선 파라솔을 헤치고 우리를 찾아내어 짠 반찬 곁들인 주먹밥을 내밀곤 했다. 작은 키에 연둣빛 7부 블라우스와 고동색 포플린 치마를 즐겨 입던 그이는 꺽 꺽! 트림 소리를 내며 우리를 놀라게도 했지만, "야, 이 강생이들아" 하고 나지막이 웅얼거리는 구수함만으로도 둘도 없는 연인이었다.

파라솔 안으로 고모가 들어섰을 때였다. 온전한 앞면을 보았는데도 내게 옆모습만 비쳤던 건, 숙연한 그의 얼굴을 마주할 수 없었기 때문일까. 아지랑이처럼 먼 이마와 비에 젖은 듯 흐릿한 콧마루가 어쩌면 나다니엘 호손의 『큰 바위 얼굴』에 나오는 '산의 노인', 그 바위를 닮아 서였는지 모른다.

큰고모는 매섭기 이를 데 없던 우리 할머니의 삼남삼녀 중 맏이로 태어났다. 꽃다운 열일곱에 순박한 집 막내며느리로 시집갔던 그는 드문드문 할머니가 살던 큰남동생 집을 소나기처럼 다녀갔다. 친정에만 오면 눈 감은 도사처럼 일감만 만지다가, 이틀이 채 안 되어 시가의 큰동서네로 종종걸음을 쳤다. 눈길 한 번 주지 않는 모친이 버거웠던 그에겐 어려워야 할 시집이 도리어 다리 뻗고 쉬어도 될 넉넉한 인심이었다.

큰고모는 학교 문턱에도 가보지 못했다. 시대가 시대라서 양보할 거리가 많았다는 게 호랑이 할머니의 철학이었다. 7살 밑의 작은고모는 고등학교를 보냈고 여섯째 막내고모는 여자대학까지 마치게 했으니, 중간의 아버지나 삼촌 둘은 말할 나위도 없다. 다른 자식들의 교육을 위해서 온갖 바라지를 다한 할머니는 큰고모 하나만 까막눈이를 만들어 놓은 셈이다.

"제일 큰 사람답게 음식과 침방을 가르쳐 보다 쓰임새 있게 했다."

나중에 공표한 노인의 변명이 그럴싸했다.

"날 좀 보소-, 날 좀 보소-, 날 좀 보소- 오오!"
 고모는 가끔 서투른 메조소프라노로 「밀양아리랑」의 첫 소절을 뽑아냈다. 늘어진 곡조에 설움이 구슬처럼 꿰어졌다. 마음이 바다 같던 고모부가 노랫가락에 덧붙여 눈감아 준 게 있었다. 모친에게서 전수한 음식 솜씨를 뽐내가며 사이사이 배워둔 춤사위였다. 가끔 기분이 동하면 툇마루에 올라 뒷짐을 지고, 기를 모은 버선 코를 바짝 꺾어 올린다.
"동지선달 꽃 본 듯이 날 좀 보소-오오!"
 고개를 까닥거릴 때마다 기름한 옆얼굴 위로 연지 찍은 새색시 같은 숫기가 흘렀다. 단풍잎에 물든 노을이 멀리 가까이 손짓하듯, 고모의 애수는 보일 듯 말 듯 퍼져 갔다.

 춤사위가 끝나면 습관처럼 먼 산을 바라보며 헛기침하던 그는 억겁이 지나도 잊히지 않을 슬픔 하나를 간직하고 있었다. 아기자기하기보단 수수하게 생긴 내 고모와 기골이 장대하고 호인 격인 고모부 사이에는 인물 출중한 장녀가 있었다. 시집간 며칠 후 목숨을 거둔 건, 대갓집 큰며느리로 뽑혀 가 만난 신랑이 천하 없는 난봉꾼으로 드러났을 뿐 아니라, 마음속 깊이 담아둔 고등학교 미술 선생님을 잊지 못해서였다. 행복할 줄 믿었던 딸의 비보에 고모 내외는 쓰디쓴 은둔생활을 시작했고. 희로애락이 말라버린 큰고모의 얼굴은 해풍이 훑고 간 바위처럼 삭막해졌다. 혹 그때부터 옆모습만 띄우는 마술을 습득한 건 아닐까.

큰고모의 얼굴이 환하게 돌아온 몇 년간이 있었다. 쌀쌀맞던 모친이 그나마 배려한 덕에, 큰동생의 여식인 네 살배기 나를 데려가 딸처럼 키우게 된 것이다. 예전에 못다 한 정성을 조카딸에게 쏟아붓는 동안 처음으로 모친에 대한 감사가 흘러나왔다 한다. 글을 배우지 않은 설움을 그때만큼 잊어본 적이 없다고도 했다. 그 아이, 나로 말하자면 짚어만 가던 할머니의 남아 선호사상에서 해방되었다는 점에서 큰고모와 닮았다. 그뿐만 아니라 어린 시절의 기억이 가장 뚜렷한 선을 그린 때가 바로 고모와의 시간이었으니, 오히려 은혜를 입은 사람은 내 쪽이 아니었나 싶다.

6척 거인 고모부가 보름달을 등지고 짐승 같은 울음소리를 내던 밤이었다. 열 살이 된 나는 호랑이 할머니로부터 큰고모부 내외를 떠나오게 될 것이란 말을 들었다. 다음 날 아침 우리는 그야말로 생이별을 해버렸으니, 그 후의 그들 모습은 어땠을지. 대성통곡을 하든, 아니면 숫제 살벌한 얼굴로 굳어져야 합당할 터였다. 그런데 호손의 '큰 바위 얼굴'이라도 되었을까. 벼르고 벼르던 친정 나들이를 하던 날의 고모 모습은 너무나도 담담하고 꿋꿋했다. 조그만 욕망 따위도 자리 잡지 않은 낮은 자리엔, 지극한 슬픔을 승화시킨 사람에게서나 볼 수 있는 정갈한 기품이 흘렀다. 별채의 모친에게 가벼운 눈인사를 던진 그는 먼저 찬방으로 들어가 승려의 고깔 같은 흰 수건을 썼다. 날아갈 듯 만들어낸 가자미 유장 구이는 손아래 올케 솜씨를 한참 앞질렀고, 방방이 이불 홑청도 우두둑 갈아 씻어 반질반질하게 시침해 낼 정도였다. 발도 씻지 않은 조카들이 그 위를 마구 구르고 사춘기 소녀가 된 헤어진 아이가 눈을 맞추려 들지만, '훠이 훠이' 애맨 소리를 내며 백발이 다 된 시집 형님네로 달아났다. 자신에게 찾아든 운명을 하나하나 감싸 안듯 순차적으로 치러가던 고모! 대문을 나서 먼발치로 뒤돌아보던 그는 기실 수양딸인 나를 만나러 온 것이었는데 말이다. 철부지이던 나와 답답이 고모는 서로를 위해 부단히 정을 떼려 애썼건만, 그런 중에도 우리의 랑데부는 은밀한 연례행사가 되어갔다.

'어느덧 돌아와 거울 앞에선 국화'와 같은 자태로 평온함을 이어가던 고모는 내가 결혼한 후에도 주위를 맴돌았던 것 같다. 해외로 떠나는 나를 웃음으로 보내곤, 마지막으로 만혼한 아들과 우람한 세 손자에게 힘을 쏟았다. 처음부터 지병을 달고 살던 며느리 탓에 피땀으로 손자들을 돌보는 동안, 고모의 뼈는 아스라이 사그라져 갔다 하니, 운명의 신은 그녀에게 더 짓궂지 않았나 싶다. 새로운 환경에서 새 삶을 일구기에 여념이 없던 나는 배은망덕하게도 그 얼굴을 망각하고 있었으니⋯. 고모가 마지막 병상에서 불렀던 이름에는 제일 먼저 내가 올라 있었다는데, 꼽추같이 구부러진 허리로 나를 그리며 먼 하늘을 올려다보았다는데.

『큰 바위 얼굴』의 모델이었던 미국 '화이트 산'의 바위가 자연의 힘으로 무너져 내린 지도 오래다. 바위 등성이 같던 고모의 모습도 먼 곳으로 사라진 지 한참이나 된 지금. 다시 또 보고 싶은 것은, 계곡 아래 넌지시 자리 잡은 일자 눈과 뾰족하지도 뭉툭하지도 않은 코, 그리고 헛헛한 트림 소리의 입을 담은 정겨운 그의 모습이다. 그의 옆얼굴은 언제나 쓸쓸했지만, 나는 그런 프로파일을 무척이나 좋아했다. 마침내는 모든 것으로부터 해탈했던 큰고모! 그는 덤으로 향기까지 지녔던, 내 영원한 고향이었기에.

길 위의 집

한참 만에 찾아든 서울의 집 나의 방이 탕아를 보듬는 어버이의 손길로 맞아준다. 가끔 기억의 변방으로 물러나긴 했어도, 꿈속이면 잊지 않고 다가와 망향의 시름을 달래주던 영혼의 안식처다. 한때 눈독을 들이며 애증을 주고받던 가구와 장식들이 먼지 냄새를 풍기며 인사를 한다. 그중에도 눈에 띈, 수년 전 등단할 즈음 대학 선배님이 내려 써 주신 족자 내용이 오늘따라 내 아킬레스건을 울린다. 송 우인送 友人 중 한 분인 이백의 "浮雲游子意, 落日故人情", 즉 "나그네의 뜻, 뜬구름 같아 정처가 없고, 친구의 정, 지는 해 같아 잡을 수 없다"라는 호방한 시구인데, 불현듯 떠났다 돌아온 나의 소회를 떠보듯 의미심장하다.

나그네…! 하고 웅얼거려 보니 끝내 한곳에 정착하지 않고 부유하는 내가 고달파 보이는가 하면, 친구란 말에 꽂히자 나만큼이나 애달파 속절없이 애착이 간 샌프란시스코의 한 사람이 다가선다. 부둣가 공원 벤치에 넋을 놓고 앉아 무언가를 응시하던 한 남자의 동공이 점점 커지는가 싶더니 지는 해처럼 흩어진다. 때맞추어 울컥 올라온 주체할 수 없는 감정의 골을 '슬픔'이라 해도 좋을지 모르겠다.

검은 고수머리가 하늘을 향해 올라간 그 남자는 무수한 내 산책길에 불쑥불쑥 눈을 헤집고 들었었다. 공원의 벤치란 집 없는 천사들의 잠자리여서 피폐한 사람들의 모습을 마주치기 예사지만, 특별히 나를 사로잡은 건 열망의 화살에 맞았을까 싶게 앞을 응시하는 그 사람의 눈이었다. 절망의 늪에 빠질 법한 그의 눈동자가 기실은 깊고도 은밀한 사색의 동굴이었으니 말이다. 양팔을 벌린 채 앞으로 내민 상체는 누군가를 향해 무언가를 호소하고 대화를 구하는 바로 그 자세였다. 마치도 아고라 광장의 소크라테스가 살아 온 듯, 거의 매일 보이지 않는 한 무리의 논객들을 앞에 두고 살뜰한 토론을 벌이는 것이었다. 나는 일부러 가던 길을 우회하여 그 옆을 배회하곤 했는데, 나이 들면서까지 동서양을 왔다 갔다 하며 소통을 그리워하던 내게 어떤 메시지가 흘러들곤 했다. 그처럼 나 또한 마음의 문을 활짝 열고 언제 한번 시원스러운 대화의 장이라도 마련해야지 않을까 싶은.

절망으로 말하자면, 이 소크라테스 아저씨 외에도 많은 이들이 존재했다. 없는 사람들이 있는 사람들 이상으로 당당하고 그들보다 더 자유로워 히피다운 도시 샌프란시스코엔 천정부지로 올라간 값의 주택이나 타운하우스, 콘도들과 함께 어떤 사람들이 하루를 살아가는 집들이 있었다. 수십 년 넘게 부를 과시한 실리콘밸리의 갑부들과는 반대로, 높아진 부채와 생활비를 감당하지 못해 노숙자로 몰락해 버릴 수밖에 없는 서민들이 그들이었다. 선의의 가장들이 빼앗긴 건 집만이 아니었다. 아내와 아이들과 생활이기도 했으니, 벼랑 끝에 내몰린 비장한 눈들이 찾아낸 마지막 보금자리는 길 위의 집이자 천막이었을 뿐이다. 가장 넓고 가장 따스한 샌프란시스코의 길을 걷노라면, 양쪽 보도블록에 줄을 이은 오색의 텐트와 거리로 나온 살림 도구를 비껴갈 수 없으리라. 슬픔이란 왜 하필 그럴 때 무뎌져야 하는지.

가난이 죄라곤 할 수 없다지만, 마약과 약물중독으로 하루아침에 길거리 신세가 된 젊은이야 동정의 대상에서 빼놓아야겠다. 우울증에서 벗어나지 못해 조현병으로 쇠락한 걸 자랑이라도 하듯 고래고래 소리지르는 이들도 제쳐놓을 수밖에 없다. 죄스럽긴 하지만 천막 아저씨들마저 내 시야에서 거두고 싶은 건, 그나마 그들에겐 희망의 불씨가 살아 있기 때문이다. 실제로 세일즈 포스Sales Force 같은 굴지의 기업들이 부지런히 그들을 위한 숙소를 마련하는 중이니 말이다.

내겐 오로지 무언가를 탐구하다 병이 난 벤치 위의 철학자가 문제일 뿐이었다. 그토록 골똘히 생각하며 허공에 포물선을 그리는 커다란 눈망울의 노숙인을 어찌하면 좋을지 알 수 없었다. 그는 마른 잎처럼 구르는 영혼의 빈터를 가누지 못해 대화를 갈구할 뿐이지, 높은 샐러리나 아름다운 집 같은 건 꿈꾸지도 않을 것이었다. 그에게 있어 진정한 집이란 아무런 편도 가르지 않고 자유롭기만 한, 길 위의 광장이어야 했으므로.

얼마 전까진 가을 날씨였는데 어느새 한파가 큰 걸음을 내디뎠다. 하필 이런 때 서울로 출장 온 샌프란시스코의 아들은 산이 가까운 언덕배기에 보금자리를 튼 어미가 신기한 듯 바라본다. 그와 나는 지금처럼 겨울이 깊어가던 몇 해 전의 마지막 달을 기억한다. 전화통이 쌩쌩 울리도록 "엄마! 드디어 집을 계약했어요"라고 외치던 아들에게도 나에게도, 알맞은 집 한 채 구하기가 하늘의 별 따기 같던 시절이 있었다. 기적이란 건 가끔 있는 모양이어서, 가장이 된 그와 국제 나그네가 된 나는 어쩌다 각자 집을 지니게 됐고, 이 겨울 그 사실이 왜 이다지 분수에 넘치는지 모르겠다. 하우스 푸어들에겐 너무나 미안하지만, 힘겨웠던 하루를 반추하며 등을 대고 누울 수 있는 방과 넓지 않아도 털썩 엉덩이를 내릴 수 있는 마루, 거기다 쩌렁쩌렁 클래식을 틀어도 들키지 않게 바람이 데려가는 중년의 작은 결실, 이곳에 정착이나 하듯 앉아

본다.

　그런데 딱 하나 모자란 게 있다. 비바람과 햇볕을 송두리째 받으며 불타오르던 그 친구, 소크라테스 노숙자의 대화법 말이다. 지금, 각자의 삶에 열중하느라 말 좀 터놓으려면 너무도 바빠 나중으로 미루자는 나와 식구와 사람 사람들…. 이번 겨울은 샌프란시스코 공원의 그 사람처럼 이야기방 하나를 만들어 군불이라도 지펴봤으면 좋겠다. 아니, 말방 말고 글방부터 지어, 적어 보내는 것이 더 나을지 모르겠다. 사느라, 구하느라, 세월에 묻혀가느라, 밝혀내지 못한 우리의 참뜻이 그때 그 친구의 팔처럼 허공만을 그리지 않도록. 우리의 정 또한 지는 해로만 끝나지 않도록.

행복하고 싶은 달

한 해의 마지막 달을 꼬박 송년 행사로 채우는 나라를 꼽으라면 단연 필리핀이 아닐까 한다. 10월부터 켜진 크리스마스트리 점등이 이듬해 2월까지 빛을 발하는 도시 또한 이곳 마닐라다. 연이은 폭죽 소리가 새해 아침을 가르면, 모두는 이 순간을 위해 살아온 듯 축배를 든다. 해피 뉴 이어, 해피 뉴 이어, 그리고 또 해피 뉴 이어!

세상에서 느리기로 둘째가라면 서러운 이들이 필리핀 사람들인데, 쉬고 노는 것에도 일등인 사람 역시 그들이다. 연중 기온이 30에서 38도를 오르내리는 열대 기후 탓인지 모른다. 일하다 말고 쉬는 수선공도, 흔들흔들 춤을 추는 계산대의 직원도 늑장이 잔뜩 배어 있다. 그런 식으로 무엇 하나 서둘러 끝내는 법이 없으니, 새해 축제야말로 늘어뜨리기에 그저 그만인 게다.

오직 이 시기에만 누릴 수 있는 황금 기온도 그들에겐 좋은 구실이다. 11월부터 2월까지, 춥지도 덥지도 않은 날씨가 이때까지의 고온다습으로 찌들었던 몸과 마음을 약동시키기 때문이다. 크리스마스 휴가와 성탄 미사, 파티와 폭죽, 그리고 또 폭죽. 도시든 농촌이든 제2 사촌에다 제3 사촌(우리의 육촌, 팔촌)까지 불러 모아, 콩 한 쪽이라도 함께 나누는 풍요의 시간이다. 소소한 집안일에도 대부대가 움직이고, 공항으로 전송하고 마중 나오느라 바리케이드를 이루는 나라! 꼭 한국의 몇십 년 전을 보는 것 같다. 국민 소득이 하위에 속하면서도 20일이 넘게 크리스마스 휴가를 보내는 그들을 지켜보노라면, 바쁘게만 살아온 우리네 한국인은 속이 탈 지경이다. 불라칸이라는 지역의 폭죽 애호가들은 이 한때를 즐기기 위해 느릿느릿 모아온 수입을 단 한 번에 탕진할 정도라니, 황금 휴가란 그들에게 앞으로 걸어갈 또 하나의 느린 삶까지 충전해 주는 활력소인지도 모르겠다.

30대 중반부터 지천명을 넘길 때까지 내 삶의 터전이 되었던 필리핀에서 거의 해마다 마주친 건, 해외 톱뉴스를 장식하던 자연재해들이었다. 지리상으로든 주거 형태로든 지진과 홍수에 취약한 특정 지역의 폐해는 피해 갈 수 없는 그들의 숙명이었다. 1992년에는 루손섬의 피나투보산에서 일어난 화산 폭발이 수천 명의 사상 피해를 내고도 그 재가 아프리카까지 도달했을 정도다. 해가 거듭될수록 끝날 줄 모르는 재앙은 이제 세계인들이 무덤덤하게 바라보는 그들만의 연례행사가 되었다.

잊지 못할 상흔이 성인의 죽음을 더 오래 기리는지, 성탄절만 되면 긴 미사 행렬이 한 주일씩이나 이어진다. 지극정성으로 매단 트리 장식은 어느 나라에도 없을 만큼 화려하고 상징적이다. 인구 80%가 로만 가톨릭인데다 토템 신앙도 보태져, 집마다 성모상을 우상처럼 꾸며놓고 사무실 책상에까지 미니어처를 놓을 정도다. 스페인 종주국 신분을 공유했던 멕시코의 종교의식까지 합성하여 국교로 뿌리를 내린, 이 나라 특유의 가톨릭은 이제 이곳 사람들의 유일무이한 생명 지침서요 재건의 기수가 됐다.

1월 9일에 열리는 마닐라 기아 포의 '나자렌 축제'에는 트럭 위에 검은 예수상을 싣고 행군하며 하얀 손수건을 흔드는 신자들과 그들을 독려하는 군중들로 넘쳐난다. 한 번이라도 그 상像을 만져 몸에 문지르면 즉시 상처가 치유되고 희망이 샘솟는다고 믿는 그곳 사람들은 누구도 개선해 줄 수 없는 사회적 문제를 그들 고유의 종교의식에 위탁할 따름이다.

스페인으로부터의 독립에 이어 미국 식민지를 벗어날 무렵, 막사이

사이 정부하의 필리핀은 동남아에서 일본 다음가는 경제 호황을 누리기도 했다. 아쉽게도, 마르코스 내각의 독재가 부패 군부의 기득권과 오래된 지주제도에 불을 붙여 빈부격차를 심화시킨 셈이다. 설상가상으로, 가톨릭 교리에 따른 낙태 금지와 일부다처제까지 아이들과 여성을 구렁텅이로 몰아넣었다. 기하급수적으로 늘어난 인구와 빈곤 속에 서민들의 행복이란 그저 하루를 살아남는 것이었다.

놀라운 건 그런 그들이 결코 절망적이지만은 않았다는 사실이다. 너무 궁핍해서 단순해지고 그래서 여유로워진 것인지도 모른다. 태생적으로 낙천적인 그들은 자기보다 높은 곳에 눈을 돌리지 않고 묵묵히 주어진 영역 안에서만 살아가는 법을 배웠다. 부유층 역시 악의 없는 수준으로 제 나름의 호사를 펼쳐나갈 뿐이었다. 계층 간의 질서가 순리처럼 흐르는 세상을 사는 동안, 그들은 세계에서 행복 지수가 가장 높은 국민으로 이름을 올렸다.

더 놀라운 건, 사랑 또는 정이 넘치는 국민으로도 단연 1호였다는 거다. 젊으나 늙으나 정이 문제인 그들에겐 떠나버린 사랑도, 새로운 사랑도, 심지어는 말이 안 되는 사랑까지도 당연한 몫이었다. 너무 헤퍼서 말이 안 되었고, 자신들의 유익을 염두에 두지 않아 말이 아니 됐다. 문제는 모든 걸 떠안다 보니, 원치 않는 불행까지 도맡게 되었다는 점이다. 한때 위기 상담원을 자원했을 때도, 전선을 타고 들려오는 고민이나 상처 대부분이 그 몹쓸 정서가 일으킨 것들이었다.

　말 한마디에도 눈물이 가득 고이던 커다랗고 정감 어린 눈! 어려운 부탁을 받았을 때도 노! 가 아니라 아마도! 라는 표현 방식으로 여운을 남기며, 싫은 소리 하길 죽기보다 싫어하던 그들이다. 일부러 자극하지 않으면 절대로 총기를 휘두를 수 없던 순박한 성품들….

　오래 머무는 동안 외국인으로만 자처하던 우리 부부가 하나라도 더 이루려 안간힘을 쓰던 반면, 힘겹게 하루하루를 살아내야 했던 그들은 정신적 위안이 더 필요했을까. 아마도 그들의 길고 긴 새해 축하는 어려웠던 삶에 대한 위로였을 테고, 나아가 더 나은 날을 위한 다짐이자 한판의 축제였으리라.

　철새처럼 날아가 골프장과 바닷가를 즐기고 간 해외방문객도, 오랜 기간을 함께 산 우리도 의미를 알아차리지 못한 그들만의 새해를 돌아본다. 이제 그들의 고유 신이 새로운 지도자를 배출하고, 그로 인한 과감한 정책이 성과를 내어, 정신적으로뿐만 아니라 물질적으로도 풍성해지기를 빌어본다. 그들에게 해마다 새로운 1월이 탄생하여 더 멋진 향연이 이어질 것도 소망해 본다. 해피 뉴 이어, 해피 뉴 이어, 그리고 또 해피 뉴 이어!

다만 잊었을 뿐이다

한 해의 마지막 며칠을 남겨두고 나는 다시 서울을 떠나 샌프란시스코로 왔다. 한쪽으로 옮겨올 때마다 다른 쪽을 잠시 잊긴 하지만, 묻어두고 온 삶의 흔적마저 지워버린 적은 없다. 사람이 스친 자리는 그리 쉽게 지워지지 않는다.

몸이야 멀리 날아와 있는 것. 넉넉지 않은 체류 일이 아까워 시차를 털고 산책에 나선다. 혹한을 피하고 싶은 사람에겐 안성맞춤인, 춥지도 덥지도 않은 겨울 아침이 오늘따라 물안개에 잠겨 있다. 북동부의 눈발만큼이나 쉼 없이 내리붓는 것이 여기 빗줄기지 싶다. 그 속에 정물같이 놓여 있는 동네 입구에 닿는다. 큰길 너머로 저만치 오가는 도시풍의 소음과 달리, 너무 고요해서 단조로운 이 구역에 무언가 새로운 날개를 달아줄 건 없을까. 시간이 흐른 후에도 잊히지 않을 일상 한 토막 같은 것 말이다.

　길 건너 모퉁이에 새로 지은 건물들이 눈에 띈다. 지난해만 해도 공사만 들쑥날쑥하곤 감감무소식이던 식료품점이 어느새 항아리 같은 입을 열고, 그 옆으론 생주스를 갈아 파는 카페가 털털거리며 모터 소리를 쏟아내는가 하면, 몇 집 건너엔 간이 우체국까지 얼굴을 내민다. 경이로운 것이 하나 더 있다. 대각선 방향으로 길게 뻗은 공원 수로에 무리를 지어 멱을 감고 있는 팔선녀, 십이 선녀, 아니 서른도 넘는 갈매기들의 귀환이다. 지난여름 산책길에 무시로 나를 반겨주던 그 무리가 틀림없다. 늦깎이 할머니가 손주 놀이에 허덕일 때 쉬엄쉬엄 쉬어 가라며 눈짓하던 바닷새들이다.
　어느 날 모두 자취를 감추고 갑판 위에 우두머리 올드 보이만 서성댔을 땐 백년지기들을 놓친 듯 막막했는데, 그들이 새 식구를 몰고 와 다시 서 있다. 아주 잃은 것이 아니라 잠시 잊혔던 게다.

　돌아온 갈매기들에 얹혀 이제는 옛이야기가 되어버린 한 사람의 모습이 어른거린다. 조무래기 손녀들이 사는 데서 멀지 않은 곳에 자리한 우리 부부 곁으로 막 샌프란시스코 병원 새 건물이 들어서던 때다. 상점이나 식당 등이 드물어 썰렁하기 그지없는 그 구간에 수요일이면 일일 장이 섰다. 황량한 광장 위로 몇 안 되는 진열대가 줄을 이은 파

머스 마켓Farmers' Market 딸기 가게 옆에 언제나 달걀 장수 한 사람이 수줍게 서 있었다. 한 줄에 7달러, 곱이면 10달러! 낮은 소리로 반복하며 하얀 이빨을 드러내어 웃던, 멕시코 그 청년은 구릿빛 건강에 넘치는 천사표였다. 얼굴보다는 선뜻 나서지 않는 자세 탓이었는데, 그 옆 딸기 봉지를 집어 가는 사람은 있어도 그에게 눈을 주는 사람은 드물었다. 내겐 한 뼘 정도 숨어 있는 그 사람의 진열대만 눈에 띄었는데 말이다.

슈퍼마켓 것처럼 반질반질하지 않고 까슬까슬한 점이 드러난 갈색 알들이 반가워, 게다가 그 맛이 건강할 것 같아 나는 두 꾸러미씩 달랑거리며 들고 왔다. 이태 전에 타계한 안사돈이 살아생전에 손수 양계하여 들고 오던 꼬마 달걀을 빼닮았다. "냉장고에 넣지 말고 실내에 그냥 두어 드시래요!" 자랑으로 들뜬 며느리의 외침에 내 기분도 덩달아 춤을 추곤 했던 기억이 엊그제만 같았다.

그때의 흥분을 되새기며 레인지 옆 빈자리에 두었다가 삶아서 반으로 탁! 나누니, 둥그렇게 미소 짓는 노른자위가 순박한 그 농부의 눈을 떠올렸다. 제일 싱싱한 것을 찾느라 한참씩이나 여러 상자를 뒤적이던 두툼한 손이었다. 사지도 않고 그 옆을 지나칠 때도 변함없이 던져오던 함박웃음은 어떤 고객으로부터도 잊히고 싶지 않던 상인의 열망이었다.

그해 가을, 때 늦은 여름 독감이 북가주 일대를 휩쓸 때였다. 판매대가 늘어난 장터에 달걀 진열대도 사람도 보이지 않았다. 다음 주, 그다음 주 수요일도.

"모르겠어요. 열병이 났다고 했는데 통 만나질…."

같은 농가에 산다는 딸기 장수의 김빠진 대답이 똑같은 태엽만 돌렸을 뿐 그 청년은 오래도록 보이지 않았다. 나의 뇌리에서도 사라진 건 물론이다. 다른 가게를 앞세우느라 자신의 물품을 뒤에서만 내밀며 계면쩍은 미소를 띠던, 선량한 상인이었는데 말이다. 언제나 최고의 상품을 건네며 손님 숫자보단 손님 하나하나에 집중하던 성실한 일꾼이었는데…. 한 번 더 안부를 묻기는커녕, 아침 시장길을 맑히던 그때 그 사람을 쉽게도 잊었던 거다.

누구든 시간이 흐르고 삶이 바뀌면 예전에 잠시 눈여겨본 일은 물론, 정성을 다해 돌보던 한때의 열정마저 잊을지 모른다. 나로 말하면 깃들기가 무섭게 떠나오고 정들자마자 떠나가는 나그네 신분이었으니, 마음을 사로잡는 일이 있었다면, 그 흔적이라도 쓰나미 되지 않게 조심해야 하지 않았을까. 어느 날 고마운 영감靈感이 노크할 때 글 속으로나마 달려와 주면 고맙기 그지없을 테니 말이다.

"영감! 그거 말이에요. 아주 나약해서 부러지기가 십상이죠. 하지만 수선할 순 있으니 낙심 마세요!" 불면의 밤이면 즐겨 보던 어느 미 탐정

시리즈의 백미다.

　그때다. 멱을 감던 갈매기들이 홰를 치나 싶더니, 안개 속을 뚫고 새로운 장터 하나가 다가온다. 건너편 모퉁이, 그 식료품점으로 미끄러지듯 들어간다. 얼마 되지 않아 내가 들고 나온 건 매끄러운 듯 거칠어 아직도 농가 냄새가 물씬 나는, 한 꾸러미의 갈색 달걀이다. 비 내리는 날 아침, 새로운 진열대에서 옛 물건을 빼닮은 물건을 찾아낸 건, 분명 햇살 가득한 장터에서 그 청년이 선물한 착한 추억 때문일 거다. 그가 부른 삶의 노래 역시 잊혔을 뿐, 잃어버린 것은 아니므로.
　이제 정월이 가고 이월도 훌쩍 넘어 하나둘 묵은해의 사연이 작별을 고해 온다. 추억의 저장고가 모든 걸 담을 수 없다면, 세월이 흐른 후에도 떠올리고 싶을 알짜 장면만은 챙겨두어야겠다는 마음이다. 그런 지금, 이 도시를 떠나면 금세 또 잊힐지 모를 그림 같은 동네를 다시 담는다. 겨울 길목과 갈매기, 그리고 그 여름의 상인을.

사람은 어느 때 특별히 빛나는지

 예술을 대하는 지극한 마음이 특별히 빛나던 한 사람에 대해 말하고 싶다. 그로 인해 부끄러운 나를 부끄럽지 않게 다독이던 순간이 자꾸만 떠올라서다.

 2022년 6월 18일, 텍사스의 포트워스에서 열린 제16회 '반 클라이번 피아노 콩쿠르' 피날레에선 놀라운 일이 벌어졌다. 18세의 임윤찬 군이 나흘간의 경연 끝에 5명의 결승진출자를 물리치고 우승한 것이다. 2017년에 정상을 차지한 선우예권 군에 이은 한국인의 쾌거였다. 그 전날 준결승에서 난해하기로 이름난 리스트의 초절기교 연습곡 12곡을 최연소 지원자인 그가 독특한 기법으로 완주해 냈을 때, 숨을 죽이고 지켜보던 관중들의 갈채 속에 이미 결과는 예견됐다. 마지막 날

두 개의 결승 곡인 베토벤 피아노 협주곡 3번과 라흐마니노프 피아노 협주곡 3번이 끝을 맺자, 연주자와 완벽한 하모니를 이뤄냈던 여女지휘자, 마린 알솝은 지휘봉을 내림과 동시에 감격의 눈물을 내비쳤고 장내는 환호의 도가니에 휩싸였다. 여드름 자국이 드문드문한 수줍은 눈망울의 이 청년을 무엇이 그토록 특별나게 했을까.

11세의 어린 나이에 세계적 경연에서 2, 3등을 했고, 15세 때 윤이상 콩쿠르에서 우승한 범상찮은 전력이었다. 다른 천재 음악인에 비하면 조금 늦은 7세에 시작했으나 그들을 앞질러 18세에 이미 세계가 주목하는 연주자로 우뚝 서버린, 짧은 듯 꽉 찬 인생이 한 떨기 꽃처럼 향기를 내뿜었다. 더욱 놀라운 건 그에게서 흘러나온 수상 소감이었다. "관객에게 진심이 닿았다면 그것으로 만족해요." 담담한 첫마디는 모든 장르와 시대를 넘어 예술가의 기본을 소환한 한방이었다. 잘나가는 연주자보다는 작곡가의 내면을 잘 살펴 자신의 음악으로 승화시키는 음악인이 되고 싶었다는, 소박하고도 심오한 초심을 밝힐 때의 그윽한 눈빛! 우승하고 나니 되레 심란해진다며, "1등 한 피아니스트라 해서 반드시 제일 잘 쳤다는 법은 없다"라는 어찌 보면 합리적이기 이를 데가 없는 가설까지 덧붙인다. 그 나이에 이만큼 이루었으니 조금은 으쓱해도 나무랄 일 아닌데, 대체 얼마나 음악을 아끼면 저토록 조심스러울 수 있을지.

쏟아지는 찬사에 아랑곳없이 방금 끝난 연주를 꼼꼼히 점검하는 애늙은이 같은 모습에 나로서도 뜨끔한 바가 없지 않았으니, 전력을 다했거니 하고 패스한 내 삶의 장면 장면과 글들 때문이었다. 솔직히 이미 이루어진 것들을 되짚는 수고란 얼마나 거추장스러운 것이며, 그러다 혹 눈에 띌지 모를 오점 때문에 앞으로의 자유로운 에너지를 발산하지 못한다면 얼마나 억울한 일인가. 시시콜콜 과거사에 얽매이는 일이란 삶의 추진력에 백해무익하다는 현자들의 지침은 설득력이 있고도 남았다. 하지만 아뿔싸! 그것들의 끝나지 않는 은밀한 발자국이야 어찌 묻힐 수 있던가.

무심히 내뱉고 망각해 버린 본때 없는 말이나, 위한답시고 뿌려준 어이없는 상처들, 때때로 우쭐대며 간과해 버린 문장과 묘사와 단어들…. 아마도 그것들은 미세한 피아노의 음 이탈처럼 타인에겐 감지되지 않은 채 연주자의 혼에 치명타를 안기는, 예술의 한 줄 난맥과도 같은 것이었을지 모른다.

돌이켜 보면 글이야 음악 같은 순간 예술과 달리 얼마든지 다듬을 수 있으니, 퇴고하기 훨씬 쉬운 영역일지 모르겠다. 하지만 그 순간 예술 또한 순간이 흐른 후에도 오늘의 피아니스트처럼 퇴고할 수 있다면, 다음 곡을 위한 긴요한 징검다리가 되고도 남는 것을.

라흐마니노프는 이런 비법을 놓친 까닭에 오랜 시간을 방황한 적이 있다. 그의 생애 처음으로 공연한 교향곡 1번이 어이없는 혹평을 받았을 때였다. 원인 점검은커녕, 절망과 실의에만 빠져 은둔의 세월을 보내던 그는 정신과 의사로부터 최면 치료까지 받을 정도였다 한다. 다행히도 '나는 할 수 있다'라는 긍정적 신호에 다시 힘을 얻어 마침내 재기한 곡이 피아노 협주곡 2번이었고, 곧이어 아름다운 피아노 소품들과 나란히 탄생한 곡이 오늘의 3번 협주곡이다. 거구에다 열세 개의 건반을 짚을 만큼 길고 커다란 손가락을 가진 이 작곡가가 자신의 기량을 충분히 발휘할 수 있도록 기획한 것으로, '교양적 협주곡' 또는 '악마의 교향곡'이라 불리기도 한다. 엄청난 연습량과 집중력을 요하는가 하면 초인적 성취감마저 안겨주기에, 연주자들이 두려워하면서도 희망 목록 제1번에 담고 싶을 만큼 피아노곡 중의 백미로 알려졌다.

그런 곡을 그간의 빼어난 피아니스트들뿐만 아니라 이날의 경쟁자까지 제치고 우리의 임윤찬 군이 가장 기념비적으로 연주해 냈다는 평을 받는 데는, 단지 그의 연습량과 기량만이 한몫한 건 아닐 테다. 작곡가보다 더 깊이 작곡가를 이해하고 재해석해 낸, 꼼꼼한 퇴고가 있었기에 가능한 일이었을 게다. 좋은 음악으로 재탄생하지 못하면 금세라도 되돌아볼 투명한 예술혼을 가진 그가 어떤 연주자보다 더한 감흥을 자아낼 수 있었음은 물론이다. 재기한 후 다시 한번 철인 같은 음악성을 보여준 라흐마니노프 또한 더 일찍 실패한 교향곡을 점검해 보았더라면,

그같이 많은 시간을 허비하지 않아도 되었으리라. 사람이 일순간 특별해지는 건 조금 더 섬세하게 빛나는 별의 기운으로 무언가를 이뤄낼 때이지, 단지 숨겨진 재능 때문만은 아닐 것이니 말이다.

늘그막에 수필의 길에 들어선 나 또한 그런 특별함을 타고 나지 못했기에, 지난 글들을 전리품처럼 모셔만 놓았던지 모르겠다. 임윤찬 군이 지닌 음악에 대한 경외심을 십분의 일만이라도 갖추었던들 재정비의 기쁨을 누리지 않았을까. 깊숙한 생의 후반기에 접어든 이즈음, 그래서 나는 정리하듯 지난 것들을 돌아본다. 내 안에 불쑥불쑥 인생이란 전쟁터에서 손을 놓친 미아 같은 안타까움이 동행하기도 하여, 그걸 찾아 개량할 힘이 솟아날 때면 하루가 특별하게 느껴지기도 한다.

자신의 연주를 곰곰 되새기던 홍안의 우승자, 임윤찬의 경연이 끝난 며칠간 그의 연주가 담긴 동영상을 붙들고 시간 가는 줄을 모르던 나는 문득 그와 함께 어떤 예술 순례에도 동참할 수 있을 것 같은 든든함을 느낀다. 이 청년처럼 이미 이루어진 것을 다시 돌아본다는 건 아주 불안하고 껄끄럽고 수고로운 일이지만, 거기서 건질 수확이란 깊은 물속을 헤엄치다 찾아낸 진주조개와 같을 것이므로.

그래서다. 만약 장수의 신이 내게 강림해 오신다면, 넉넉한 그 날들에 철없이 내닫지만 않고, 멈추어 되새기며 언제까지나 이 피아니스트를 기억할 것이다.

아테나 여신의 아우라

신화로의 정서 이입이 쉽지 않다고 해서 현존하는 신전과 유적까지 놓칠 필요는 없었다. 한 번쯤 단조로운 상식의 테두리에서 벗어나 신이라 불리는 이름들의 아우라를 만나며 상상의 나래를 펼쳐보는 일, 그렇게 떠난 그리스 인문학 기행이었다.

아테네에 첫발을 디딘 날이 한여름이 아니어서 좋았다. 파르테논 신전으로 오르는 돌 언덕에서 겨울 한파를 만나지 않은 것도 다행이었다. 가을을 앞당긴 깊숙한 날씨와 어깨너머로 불어오는 에게해의 바람은 틀에 박힌 사고를 춤추는 양 떼처럼 뛰놀게 했다. 유적지를 옮겨 다니는 버스 안에서 낭송된 신화도 거북하지 않았고, 믿거나 말거나 자유의지에 맡긴다는 가이드의 능청마저 밉지 않았다.

그 옛날 올림포스산에 12주신主神이 살고 있어 인간과 영웅을 포함한 나머지 신들까지 조종했다 한다. 믿어도 될까. 예수가 탄생하기 수천 년 전 구석기시대의 고대인까지 거슬러 올라가 보니, 살아남기 위한 수없는 투쟁 속에 그런 다중 신화가 만들어질 도리밖에 없었을 것 같다. 상상력을 그렇게 뻗어보니, 신들의 신격이 충분히 이해되고도 남았다.

새삼 발견한 건, 가까이 다가가 본 그들 신이 인간의 성정을 그대로 빼닮았을 뿐만 아니라, 인간보다 무엇 하나 나을 게 없었다는 점이다. 여신들(*메티스, 에우로페, 다나에, 알크메네 등)을 포함하여 왕녀와 유부녀까지, 일단 마음에 꽂히면 쟁탈하지 않고는 못 배기던 제우스 제일 신은 도덕성이 희박한 바람둥이 인간을 닮았다. 트로이전쟁을 승리로 이끌고 집으로 돌아가던 영웅 오디세우스에게 자기 아들을 소경으로 만들었다는 이유로 풍랑까지 일으킨 바다의 신, 포세이돈(호메로스의 서사시 『오디세이아』 중에서) 역시 심술쟁이에 지나지 않았다. 제우스의 자녀들인 아폴론과 아르테미스를 잉태한 레토를 델로스섬까지 몰아낸 헤라 여신 또한 세속적 투기를 저지른 셈이니, 이들 모두는 혹 허약한 인간

---

*

메티스 - 티탄족 여신, 그리스어로 '지혜로운 여자'.
에우로페 - 아르고스계 신화에 나오는 아게노르 왕의 딸. 유럽의 어원.
다나에 - 미케네 첫 왕조를 연 페르세우스(제우스의 아들)의 어머니. '아르고스' 왕녀.
알크메네 - 페르세우스 왕의 손녀이자 암피트리온의 아내. 제우스가 티탄족 기간테스와 싸울 장수, 헤라클래스를 잉태시킴.

들의 전생이었는지 모르겠다. 반신반인 모습의 왕이나 영웅들과 종횡무진 교류하고 밥 먹듯 근친상간하던 그들이 신의 신분이 맞기나 한 건지, 과연 그들이 인간보다 우월한 존재였는지, 등등은 일문에 부쳐야 했다. 당시 고대 그리스인들에겐 교회마저도 큰집 형님 만나러 가듯 스스럼없는 장소였다 하니, 그들 신이 얼마나 친근한 존재였는지 알 수 있는 일이다.

  12신 중에서 가장 위력이 있던 신은 1대의 제우스와 포세이돈, 헤라였고, 아테네와 아폴론 남매가 대를 이었다. 그리스 곳곳에 그들 이름을 딴 신전이 지금까지도 뚜렷한 형태로, 혹은 반 폐허의 모습으로 남아 있는 것만으로 알 수 있다. 그중 델포이에 있는 아폴론 신전 주변은 아직도 생생한 신기가 감도는데, 그 옛날 피톤이라는 뱀을 죽이고 파르나소스산을 차지한 아폴론이 예언과 신탁을 통해 시민의 삶에 중대한 결정을 내린 곳이라서라 한다. 페리클레스가 페르시아 전쟁의 승리와 델로스동맹을 기념하기 위해 아테네 여신에게 바쳤다는 파르테논 신전, 또한 신상과 내부가 파괴된 모습에도 여전히 위력을 뽐내며 서 있다.

---

* 메두사 - 고르곤 세 자녀 중 한 명으로 본래는 미모를 갖췄으나, 아테나 여신에 의해 머리와 하체가 뱀으로 변함.

'파르테논'이란 명칭이 파생된 여신, '아테나 파르테노스'(파르테노스는 처녀의 의미)는 투구와 갑옷으로 무장을 하고 연적 *메두사의 머리가 달린 방패를 든 여전사의 모습이지만, 그런 외적 상징보다는 위협적인 신들에 내몰린 여러 명의 영웅을 살려낸 총명함과 결단력 면에서 존경받은 신이 아니었나 싶다. 침략의 광기를 보이며 트로이 편에 선 전쟁의 신, 아레스를 무찔러, 그리스군에 막대한 승리를 가져다준 트로이전쟁에서의 지혜, 바다의 신 포세이돈을 물리쳐, 환란 중이던 오디세우스를 무사히 귀향시킨 것 등이 그것이다. (호메로스의 『오디세이아』 참조)

그뿐만이 아니다. 시민광장이던 아테네 언덕엔 당시 배심원이던 올림포스 12신이 초청되곤 했는데, 바로 여기에서 아테나 여신의 입김은 더 큰 위력을 발휘한다. 아버지인 아가멤논 왕을 죽인 어머니, 클리타임네스트라를 처단한 오레스테스에게 유죄 반 무죄 반의 동표가 나오자, 그를 데리고 도착한 여신이 마지막 무죄의 한 표를 보태어 사형을 면하게 한 것이 바로 그 일이다. 이후 아무리 극악한 범죄를 저질렀다 해도 한 번 더 법의 공정함과 동정심에 호소해 볼 수 있게 된 이 언덕은 신과 왕족뿐 아니라 평범한 시민들에까지 열렸으니, 그리스 민주주의의 시원은 바로 여기가 아니었나 싶다.

이곳은 자신의 딸을 겁탈한 적 있는 포세이돈의 아들을 살해하여 기소된 아레스가 증거 불충분으로 무죄 판결을 받은 적이 있다 하여, 일명 '아레스의 언덕' 또는 '아레오파고스'라 불린다. 아테네 고대 건축물의 유적지이자 성체인 아크로폴리스에서 서북쪽으로 내려와 미끄러운 돌을 딛고 오르면 만나는, 지금은 그저 작고 아담하기만 한 아레스 언덕! 발을 디디면 죄가 사해진다는 정방형 돌 위에 선 나 또한 맞은편에서 불어오는 에게해의 바람에 아테나 여신의 구원을 빌어본다.

지혜의 여신은 탄생의 경로마저 경이롭다. 지혜로움의 대명사이던 메티스를 사랑한 제우스는 자신을 추월할 자손을 잉태했을지도 모를 이 여신이 껄끄러워, 통째로 삼켰다 한다. 이후 심한 두통 끝에 이마 한쪽으로부터 완벽하게 갖추어진 아테나를 낳았다 하니, 그때도 우성의 법칙은 빛을 발한 것 같다. 이로부터 아테나는 제우스가 가장 자랑스러워하는 동료 신으로 성장한 셈이다.

옥에 낀 티일까. 인간이나 다른 신들처럼 그녀에게도 슬픈 사연이 있으니, 바로 숙부 포세이돈에게서 당한 실연이다. 헤파이스토스가 아내 아프로디테의 아름다움을 넘어 사랑할 만큼 버금가는 미모를 지닌 아테네이건만, 전략이나 지혜 면에서 항상 우세인 그녀가 버겁기만 한 포세이돈은 아르곤의 여인 메두사를 선택해 버린다. 이에 자비로움과 지혜를 잃은 여신은 메두사의 머리와 하체를 뱀의 형태로 바꿔버리는 끔찍한 저주를 내리고, 포세이돈은 이를 다시 '페가수스'라는 말로 승천시켜 구원한다.

이런 회한을 씻기 위함인지 아테나는 사랑에 빠진 인물들에게 특별한 관대함을 내보인 것 같다. 오디세우스와 그를 기다리던 열녀 페넬로페에게 끝까지 장애물을 물리칠 능력을 부여하여 해후케 했을 정도다.
(『오디세이아』 참조)

크레타로 가는 길목과 그리스의 방방곡곡은 올리브 나무로 울창한 숲을 이룬다. 전쟁을 뜻하는 말馬을 내건 포세이돈을 평화와 화해의 상징인 올리브나무로서 이겨내고 마침내는 도시의 수호권을 쟁취한, 아테나 여신이 보낸 기념비적 선물이다. 그때 빼놓을 수 없는 기이한 풍광 하나가 눈을 끈다. 아테네에서 동남쪽으로 70㎞ 떨어진 땅끝마을인 '*수니온곶' 언덕의 포세이돈 신전과 아테네시에서 가장 높은 곳에 서 있는 파르테논 신전이 마주한 모양새다. 멀리 가까이 도시를 지키며 서로를 굽어보는 두 건축물이 예사롭게 보이지 않는 건, 이 두신의 사랑과 배신에 화해를 기대하는 후대 아테네인들의 염원 때문이 아닐까 싶다.

심층에 와닿은 신화와 유적이 상당수에 달했건만, 유독 이 여신의 행적에 마음이 꽂힌 건, 아무래도 여성인 내가 '지혜와 자비로움'이란 미

---
* 수니온곶 - 아테네에서 동남쪽으로 70km 떨어진 아티카 반도의 최남단.

덕을 탐했기 때문일 것이다. 실지로 신들이 존재했다면 단연 남녀를 통틀어 최고의 신은 아테나였을 테고, 그것이야말로 언제 끝날지 알 수 없는 파르테논 신전 재건에 지금의 그리스인들이 총력을 기울이는 이유일 것이다. 아테네 도시를 살고 난 마지막 밤, 신전을 환하게 비추는 불빛을 뒷배경으로 마치 여신의 상징물인 올빼미가 동공을 열 듯, 우리 일행도 졸리는 눈을 활짝 뜬 채 밤 촬영에 임했다.

기행의 시작과 끝이 된 파르테논 신전! 베네치아의 포격을 맞았다는 내부는 파괴되고 상아와 황금으로 조각되었던 신상은 사라졌지만, 여신이 남긴 선의지만은 아직도 남아 있는 중심 골조처럼 단단했다. 그래선지 셀 수 없는 난민이 묵어 가는 오늘의 그리스는 상상보다 거대해 보였다.

돌아오기 전날 '오레스테스! 아레오파고스!, 그리고 아테나!'를 중얼거리다 굴리고 다니던 휴대용 가방까지 잃을 뻔했던 나는 아마도 풍덩! 아테나의 아우라에 빠졌던 걸까. 멀게만 느껴지던 신화의 땅이 거대한 팔을 벌리며 달려오고 있었다.

진주조개를 찾아서

　누군가는 떠나고 누군가는 돌아오는 인천 국제공항에 내가 서 있다. 언제부턴가 나는 서울 샌프란시스코 간을 내 삶의 두 이정표처럼 넘나든다. 청운의 뜻을 품은 유학길의 떠남과 귀향이 아니요, 정든 이와의 이별이나 재회도 아니다. 나는 그저 이곳의 손때 묻은 살림살이를 잠시 두고 가는가 하면, 그곳 손주들의 왁자지껄한 함성에서 돌아온다. 내 이 늘그막 항해는 구태여 한곳에 정착하지 않는 한, 이대로 이어갈 모양새다.

　뒤늦게 돛을 올린 여정이어선지, 한곳에 너무 오래 나래 접느라 다른 쪽으로 나아가지 못하기도 한다. 저쪽으로 가야 하는데, 기다리는 일이 있는데, 하면서도 노 젓다 깊은 바다에 빠진 사공처럼 막막해지곤 한다. 그럴 땐 문득 전에 귀담아들은 적 있는 어느 스님의 법문 하나를 기억해 낸다.

"기왕에 빠졌으니 진주조개라도 찾아봐."

처음 들었을 때 황당하기 그지없는 말이었을 테다. 허우적거리기도 바쁠 시각에 어디 숨어 있는지도 모를 희귀한 것을 찾으라는 조언은 현실성이 없어 보인다고 할까. 살아나려고 버둥거리느라 여유라고는 바늘귀보다 작아졌을 심성이 어찌 그리 어마한 일을 생각해 낼 것인가. 그런데도 나는 가장 심한 좌초를 당한 중생이 나이기나 하듯, 깊숙이 넣어두었던 그 잠언을 다시 꺼내 음미한다. 절박한 상황에도 한숨 돌리고 찾아야 할 진주조개는 어떤 모습일지, 그런 것을 과연 찾기라도 할지. 다만 신기루 같은 그 보석이 끝나지 않은 내 여정의 바다에 불쑥 그 모습을 드러냈으면 하면서.

몇 해 전 미국에서 서양 문화에 젖어 있는 딸과 며느리를 만났을 때의 일이다.

"어머니, 그런 게 아닙니다!" "엄마, 그건 한국식 발상이란 말이에요!"

페미니즘을 떠나 이 시대 젊은 여식들의 말발이 꽤 빵빵했다. 오랜만에 회포를 풀려던 나는 여객선에서 발을 헛디뎌, 깊은 바다에 홀로 침수된 것처럼 막막했다. 문화의 충격이란 위풍당당한 것이었다. 남은 날들 또한 사소하고도 치명적인 차이를 겪으며 지내야 할지 모른다는 자각이 거대한 상어처럼 어깨를 조여 왔다.

차라리 그때 한소끔 숨을 돌려 스님의 '진주조개'라도 찾았다면 어땠을까. 아련한 장막에 싸여 있을 그건 희망의 눈을 뜨고 간절하게 응시해야 보일까 말까 한, 네 잎 클로버 같은 걸 거였다. 조그만 진주 하나를 뿜어내기 위해 오랜 시간 아파야 하는 조개의 이름은 어떤 난관도 문화의 차이도 삼킬 수 있을 만큼의 '사랑' 또는 '희생'이었을지 모른다. 허우적거리다 간신히 밀려온 모래사장에서 조그만 조개껍데기 하나 발견하지 못한 아둔함으로 물거품만 바라볼 때의 망연자실이란! 그래서 나는 더 많은 돛을 달았던가 보다. 피할 수 없다면 보듬어야 할 차이의 바다에 다시금 빠져야 할 임무라도 띤 듯.

이럴 때 하필 나는 이 시대의 유행어 '비행 청소녀'란 말까지 불러낸다. '비행기를 타고 청소하러 다니는 여자'의 줄임말이라니, 걸핏하면 해외로 자식들을 보러 다니며 일복을 듬뿍 만나는 나와 같은 여성을 풍자하는 말이다. 자신의 몸과 마음을 청소하기에도 바쁜 여생에 독립된 그들의 일상을 기웃거리는 일이란 어쩌면 비행飛行 아닌 비행非行이리라. 그런가 하면 도움의 손길을 갈구하는 그들 심중을 외면하면서까지 돌아와 글쓰기입네! 서성대는, 나이 든 어미의 독립이야말로 더할

나위 없는 비행非行이리니….

　그런데도 나의 이 두 가지 비행은 조금 더 걷고 싶던 예전의 오솔길을 다시 나선 것처럼 아늑할 때가 있다. 나 자신은 비껴두고 도움이 필요한 식구에게 내달았다 주워들은 웃음보따리, 글쓰기 만학도로 일탈해 왔다 느낀 작은 설렘, 이 두 가지는 아무리 생각해도 고매하기 그지없는 비행들이 아닌가. 나의 진주조개는 이렇듯 진부한 모습이어서 여태껏 눈에 띄지 않았는지 모른다.

　飛行이든, 非行이든, 오늘도 나는 그들이 숨 쉬는 곳을 향해 날아간다. 다른 세상에 사는 젊은이들의 "아니에요!"와 함께 손녀들의 "오, 노!"도 귓전에 들려온다. 이제, 허망하지 않은 나의 항해가 더 많은 오해와 차이의 바다까지 건너갈 수 있길 바라며, 차라투스트라, 그 불굴의 노인처럼 길을 나서고 싶다. 새롭게 업그레이드된 내 의지가 마침내 크나큰 진주조개를 찾게 될지 누가 아는가.

　오늘도 길고 긴 밤 비행에 몸을 싣는다. 동이 서로 바뀌고 바람이 바뀌어 다시 나래를 접으면, 마침내 그곳 샌프란시스코엔 생경한 새벽이 와 있겠지. 그래도 조금 있으면 낯익은 한낮의 햇빛이 대지를 덮힐 것이다. 예전에는 반나절 정도 돌아보며 콧노래 부르던 히피풍의 해양도시지만, 지금은 한 해의 반 이상을 거주해 온 고향 같은 타향이다. 몰아치는 특유의 해풍에는 익숙해 가지만, 아직도 도전의 바다인 그곳에서 이번엔 어떤 진주조개를 찾게 될까? 궁금하기만 하다.

샌프란시스코! 그곳을 걸었네, 거기서 보았네

　미 서부 실리콘 밸리의 중심이자 해양도시인 샌프란시스코를 혹자는 푸른 하늘과 자유로이 펼쳐진 공원, 해맑은 공기로만 기억할지 모르겠다. 아들네가 사는 그곳을 몇 해씩이나 드나들다 드디어 정착한 나는, 그동안 몰랐던 숨겨진 장소들과 알려지지 않은 길들이 풍겨준 어떤 음양을 먼저 떠올린다.

　역사의 변곡점을 지난 건축물과 길목엔 시간이 흘렀음에도 넉넉한 옛 흔적이 남았나 하면, 몇몇 도로는 내일의 무언가를 위해 새 옷으로 갈아입었고 마침내는 헐벗었다. 햇빛이 축복처럼 내리는 곳이 있나 하면 차가운 현실에 내던져진 음지도 있다. 손녀들의 발길이 뜸해진 하루, 모처럼의 시간을 내어 도시의 한가운데를 걸어본다.

◆ 돌로레스가街와 미션가街

내리쬐는 햇빛에 살이 델 지경인 정오, 중남부지역 주택가인 노이 밸리를 나선다. 열대에나 볼 수 있는 팜 트리가 줄을 지은 돌로레스가를 따라 한참 오르면 푸른 해먹 같은 구릉이 널따란 궁전을 이루는 돌로레스 공원을 만난다. 멀리 동편 시가지가 통째로 조망되고, 베이 브리지 너머로 오클랜드시까지 한꺼번에 눈에 드는 이곳엔, 주말이면 성별에 구애 없이 몸을 달구는 자연 커플들의 모습이 장관을 이룬다. 공원 주위를 둘러싼 빅토리아식 주택들도 여유로운 광채를 발한다. 이곳에서만 앉아 있다 보면 세상은 찬란하고 마음은 평안으로 가득할 것 같다.

그때 남쪽으로 서너 블록 아래 길게 뻗은 또 하나의 대로, 미션가가 발걸음을 부른다. 그곳은 똑같은 햇빛이 내리는 인근 지역임에도 어둑어둑함이 서렸다. 한때 멕시코 원주민과 라틴 아메리카 사람들이 고유 문화를 정착시켰던 이곳엔 서민을 위한 몇몇 레스토랑만 보일 뿐, 신흥 부유층으로부터 밀려난 길가 삶터엔 척박한 모습의 상인과 황량한 노숙인의 숨결만 맴돈다. 이제야 알겠다. 한날한시 빛과 어둠이 공존하는 도시의 하루가 바로 자본주의가 낳은 우리 시대의 피할 수 없는 불협화음이란 걸. 조금은 답답하고 자포자기한 심경이 되어 이곳을 벗어난다.

◆ 놉 힐과 러시안 힐

그런 차이를 한꺼번에 잠식시킬 장소는 없을까 하고 중심 시가지 한 정거장 전에 내린 나는 놉 힐이라는 가파른 고갯길을 올라본다. 양쪽으로 화려한 상점과 일급 호텔이 즐비하다 하여 스놉 힐Snob Hill이라 불리긴 하지만 어디에도 분에 넘치게 부유한 차림은 없다. 길 중간쯤 모든 차이를 평정하듯 두 팔을 벌리고 선 그레이스 성당이 더 크게 띌 뿐이다. 태평양 바다를 끼고 도는 마리나 해변을 굽어보며 조금 더 북쪽을 오르면 돌연 숨이 가빠진다. 하늘과 사람을 마주 잇는 고갯마루의 시작이다.

골드러시 인구가 미지의 서부지역으로 밀려든 때 이곳을 개척한 이민자들이 러시아인의 무덤을 발굴했다는 이유로 이름 붙여진, 러시안 힐Russian Hill에 앉아본다. 숨겨진 전설을 들려주듯 속닥이는 샛바람을 머리 뒤로 맞으니 시간의 소리가 들리는 듯하다. 노쇠가 이끄는 마차를 들어 올리느라 애를 먹던 소상인과 일부 보헤미안의 주거지기도 했던 이 까딱 고개는 1904년 칼 헨리라는 자수성가 사업가가 대량으로 사들여 개발한 덕에, 오늘날 누구나 들러보고 싶은 주택지로 바뀌었다 한다. 1906년 샌프란시스코 대지진 후엔 번창하던 칼 헨리의 모든 소유지가 집 잃은 인구를 위한 막사로 쓰였다니, 딱히 부와 빈곤을 구분해야 할 옹색한 역사가 아닌 듯하여 훈훈해진다.

그곳 롬바드 길의 모퉁이, 1040번지에 몇 번이나 보수를 거쳤음에도 옛 위풍을 그대로 간직한 웅장한 맨션 하나를 만난다. 그 아래 펼쳐진 세계에서 꼬불꼬불하기로 유명한 롬바드 길을 굽어보는 모습이 수호신처럼 영원해 보이는 것엔 그럴 만한 이유가 있다. 저택의 맨 나중 임자가 당시 자갈밭이던 이 길을 사비를 들여 꽃길로 가꾼 덕에 오늘날 공용도로로 유용된다니 말이다. 시간당 무려 350대의 자동차가 아슬아슬 곡예를 하는가 하면, 바쁜 일정에도 관광객이 다투어 기념 촬영하는 이 내리막길엔 오늘따라 햇빛이 넉넉히도 쉬어 간다.

◆ 카스트로와 시티 라이트 책방

언덕을 내려와 도시의 남과 북을 길게 연결하는 마켓가Market Street로 접어들자, 냄비 뚜껑을 드럼 삼아 흥을 터뜨리는 모자 쓴 히피와 한 묶음의 사람들이 눈에 띈다. 그들 모두는 춤추는 듯 멈춰선 듯, 자유롭다. 높이 솟은 빌딩 아래 걸인과 광인과 음유시인이 또 한판 삶의 마당을 펼치는 이 도시의 히피적 시원은 무엇일까.

용기를 내어 몇 블록 더 떨어진 성 소수자들의 본거지인 카스트로를 향한다. 길머리에 화려한 실내장식으로 1,400여 좌석을 갖춘 터줏대감, 카스트로 극장이 인사를 한다. 문 앞 보도에는 테네시 윌리엄스 Tennessee Williams(1911-1983)를 비롯한 미 극작가들의 이름을 새긴 동판

들이 박혀 있다. 아직도 고전에서 디즈니 영화까지 빼놓지 않고 상영하는 이 건물 지붕 위로 무지개색 깃발 하나가 나부끼며 알지 못할 애수를 자아낸다. 최초의 커밍아웃 시의원이자 전역 해군이던 하비 밀크가 뮤지컬,『오즈의 마법사』의 주제곡「오버 더 레인보우」에서 영감받아 고안한 것으로, 모든 종류의 성 소수자를 상징한다. 2015년 샌프란시스코는 이곳이 있어 미국 최초로 동성 간의 결혼 허가를 받아냈을 것 같다. 비 그친 카스트로 거리를 삼삼오오 걸어가는 게이들의 머리 위로 햇살이 부서진다. 무엇이 이 기이함을 이어가게 하는지, 어떤 것이 이들에게 용기를 주는지.

오늘따라 끊이지 않는 나그네의 궁금증이 몇 블록 떨어진 리틀 이탈리아 지역까지 기웃거리게 한다. 콜럼버스 가를 따라 길쭉이 뻗어난 이 거리엔 이탈리아 이민자들의 고향 음식점이 줄을 이었다. 맞은편 카푸치노 카페가 고혹적인 향을 풍겨오긴 하지만 오늘 목적지는 다른 데 있다. 그 길 저만치 모퉁이에 서점 하나가 서둘러 오라 눈짓하기 때문이다.

'시티 라이트 책방City Lights Books'이라 불리는 미 최초의 독립 서점이자 출판사인데, 1959년 비트 세대 문인들의 공간이었을 뿐만 아니라 시몬 드 보부아르와 버지니아 울프 같은 여류 작가들의 작품을 맨 처음 선보인 곳이다. 1953년 뉴욕 출신 시인, 로런스 펄링게티Lawrence

Ferlinghetti(1919-2021)가 당시 '샌프란시스코 르네상스'에 동참하면서 이 책방을 열었고, 바로 이곳에서 최초로 보급판을 발간했다. 1998년 '비트Beat'란 이름을 주조한 잭 케루악과 더불어 신개념의 서사시로 돌풍을 일으킨 천재 시인, 앨런 긴즈버그Irwin Allen Ginsberg(1926-1997)의 시집이 바로 이곳에서 출판됐으니, 이들이 바로 비트문화 또는 비트 튜드Beat tude의 창시자들이다.

비트를 탈진으로, 튜드를 신의 축복으로 표명한 이 그룹은 1950년대 미국 사회의 물질적 풍요와 권위주의, 순종적이고 획일화된 일상에 신물을 느껴, 술과 마약, 섹스와 재즈, 나아가 선불교적 수양을 통해 개인의 자율성과 해방을 추구했다. 비트계의 월트 휘트먼이라 불리는 긴즈버그 시인의 "나는 내 세대 최고의 영혼들이 광기로 파괴되는 것을 보았다. 허기와 신경증으로 헐벗은 채"로 시작하는 시집 『울부짖음과 또 다른 시들Howl and Other Poems』은 "너무 많은 공장 / 너무 많은 음식 / 너무 많은 맥주 / 너무 많은 담배 / 너무 많은 철학 / 너무 많은 주장 / 하지만 너무 부족한 공간 / 너무나 부족한 나무"(앨런 긴즈버그, 「너무 많은 것들」 중에서)라는 시구로 자본주의 병폐에 경종을 울렸다. 1960년 들어 이 조류는 숙어 든 듯했지만, 그 정신만은 살아남아 스티브 잡스와 빌 게이츠 같은 IT 기업가들의 상상력에까지 보탬이 되었다 한다. 이제야 조금 알 것 같다. 편중된 부에 희생되어 하루아침에 집을 잃은 노숙자들 외에도, 중얼중얼 혼잣말을 읊으며 걸어가는 자발적 방랑 시인이 왜 유독 이 도시에 많은가를.

찰리 채플린이 주연한 영화, 『시티 라이트City Lights』의 주제인 '도시의 빛'이 감도는 듯한 책방 안으로 성큼 들어선다. 퍼즐처럼 엮어진 폭넓은 장르의 진열대를 헤치고 깊숙이 안쪽으로 들어서자, 개점 70주년을 기념하는 보급판들이 놓인 앉은뱅이 책꽂이가 드러난다. 그 위 벽에 걸린 펄링게티의 사진 위엔 "시가 있는 한 알려지지 않은 사람이 있을 테고, 알려지지 않은 사람이 있는 한 시가 있을 것이다"라는 어록이 걸려 있다. 덕분에 나 역시도 탈진의 비트 상태가 아닌 두근거리는 비트 심장이 되어 서점 문을 나선다.

뿌듯해진 마음으로 어둑어둑해진 금융의 거리, 파이낸셜 디스트릭트Financial District로 걸어 나왔을 때다. 이번엔 코로나 위기에 제물이 된 텅 빈 건물들의 꺼져가는 불빛이 그늘을 드리운다. 골드러쉬와 대지진, 실리콘 밸리가 번갈아 가며 일으키고 소멸시키다가 다시 팽창시킨 부, 그리고 마침내 찾아온 팬데믹이라는 또 하나의 복병, 이 모든 걸 운명처럼 밟아가는 샌프란시스코의 현주소다. 끊임없이 반복되는 빛과 그늘에 탈진한 채 도시는 지금 울고 있다. 이대로 영영 쇠퇴하고 말 듯.

그런데도 여전히 알 수 없는 힘이 느껴지는 건 왜인지 모르겠다. 끝없이 뻗어 오른 언덕길과 수많은 문화 공간, 해변 길이 넉넉한 아름다움만 아니라 알려지지 않은 영혼들의 숨결까지 거느리고 유혹해 오기 때문일까. 매주 28명의 페인트공이 1,000갤런의 페인트를 덧칠하는 골든 게이트 브리지 또한 안개 속에서 더 밝은 빛을 낸다. 이미 도시 풍경의 하나가 되어버린 음유시인과 술고래 고함과 마약투성이 얼굴도 어쩌면 새로운 창조를 위한 또 하나의 비트문화로 나아갈지 알 수 없는 일이다. 바라건대 그들의 갈망이 너무 많은 마약, 너무 많은 총기 사건, 너무 많은 방종에 흐른 나머지, 너무 적은 질서, 너무 적은 평화를 만들지만 말기를! 팬데믹의 전성기에도 다른 곳보다 확진자가 적었으며 마스크가 해제된 때에도 쓸 때와 벗을 때를 구별할 줄 알던, 의외로 절제된 모습의 도시 아니던가.

집으로 돌아오는 길목에 들어서자, 알맞은 석양빛이 그늘을 감싼다. 루이뷔통 서류 백을 둘러맨 엘리트 하나가 나무 밑에 누운 낯선 이에게 괜찮으냐 물으며 웃고 있다. 그렇다. 롬바드 길의 넉넉한 역사가 흐르고 위와 같은 어울림과 포용이 이어지는가 하면, 카스트로와 시티 라이트 책방이 아직도 영감을 던지는 이 도시엔 영원한 햇빛도 그늘도 존재하지 않을 것 같다. 이즈음엔 범죄로 들끓는 하이트가Haight St.에 인공 지능 '쳇 GTP'를 만든 오픈 에어Open Air 회사까지 들어와서, 깜깜한 거리를 밝혀주니 말이다.

늘어나는 총기 사건에도 건강한 미래를 꿈꾸는 손녀들이 숨 쉬고, 예상치 못한 미덕이 롬바드가의 집처럼 하루를 열어주는 샌프란시스코! 그곳에, 그 길에 소망을 걸어본다.

해설 · 추천의 말

해설

갈매기를 미학적으로 바라보기
― 소지연 수필집 『이른 아침 새들의 무리를 보았다』에 부쳐

임헌영 문학평론가

1. 영혼의 신대륙을 발견하는 콜럼버스 되기

"기러기는 인간들보다 더 세계인에 가깝다. 그는 캐나다에서 아침식사를 하고 점심은 오하이오 강에서 먹으며, 밤에는 남부 지방의 늪에서 날개를 가다듬고 잠자리에 든다."라며 고리타분한 지역적인 편견을 넘어 세계인이 되라고 충고한 건 세계 평화문학의 아버지인 헨리 데이비드 소로이다. 그는 『월든― 숲속의 생활(Walden, 초판 Walden; or, Life in the Woods)』의 「맺는 말」에서 "진실로 바라건대 당신 내부에 있는 신대륙과 신세계를 발견하는 콜럼버스가 되라. 그리하여 무역을 위해서가 아니라 사상을 위한 새로운 항로를 개척하라. 각자는 하나의 왕국의

주인이며, 그에 비하면 러시아 황제의 대제국은 보잘것없는 작은 나라, 얼음에 의해 남겨진 풀더미에 불과하다."라고 모든 인간 개개인이 지배하는 내면적인 '왕국의 주인' 됨을 일깨워 주었다.

이 산문집 『이른 아침 새들의 무리를 보았다』는 바로 소지연 작가의 영혼의 왕국으로 그 통치 공간은 주로 서울과 샌프란시스코와 뉴욕이고, 주민은 작가의 전 가족과 친인척들이며, 시간적인 배경은 노마드 시대이다.

노마드 시대를 자크 아탈리는 유목민Nomade의 시대로 규정했는데, 이건 소로가 부러워했던 날개에 의지하는 기러기 같은 삶이 아닌 온갖 탈것들을 이용해서 끊임없이 유랑하며 행복스럽게 살아가는 시대를 뜻한다.

그래서 노마드 시대의 사람들은 집 떠나면 고생이 아니라 오히려 행복해지기에 봉건시대의 삼강오륜 대신 도시유목민의 정서로 세련된 교양미를 갖춰야 한다고 아탈리는 적시해 준다. 그것은 이동하기에 편리하게끔 가벼움을 최고의 미덕으로 삼을 것(작품 「내 이름은 기내용 트렁크입니다」를 참고하시라. 간편한 트렁크 하나로 장기간 여행이 가능), 언제나 자유롭게 떠날 때는 떠나기(작품 「떠나며 하는 말」이 이 항목에 해당)가 전제된다. 이어 항상 낯선 사람들과 만나기에 경계심을 늦추지 말아야 하면서도 한편으로는 누구든 환대해야 될 처지인 게 도시 유목민의 필수 교양이다(작품 「진주조개를 찾아서」가 이에 해당).

이런 속에서도 생존을 위해서는 지구 위의 어디를 가든 누군가와 끊임없이 접속해야 살아남을 수 있으며, 그러기 위해서 노마드 시대의 인간이 지녀야 할 마지막 덕목은 박애주의자가 되어야 한다(작품 「때로는 '말없음표'가 좋다」가 작가의 사랑관이 가장 잘 나타나 있다)는 것이다.

이 왕국, 서울과 샌프란시스코와 뉴욕을 통치하는 여왕은 자신을 "여기, 사서 바쁜 할머니 한 명", "밥 짓다 말고 노트북 열어보기, 몇 글자 두드리다 말고 손녀 보러 가기, 이 두 가지를 참을 수 없이 가볍게 치르는 사람"이라고 축약했다. 그런 바쁜 속에서도 여왕은 "더 큰 존재를 알려와, 왜 그런지 들여다보지 않을 수" 없는 호기심 천국의 나그네 기질로 "하릴없이 의심하고 또 의심하는 사람"(「책머리에」)이라고 실토한다. 그러나 뭐든 의심하는 기질은 오히려 노마드 시대의 미덕인 경계심의 표징이기 때문에 까탈스럽다기보다는 차라리 미덕이라 여기는 게 더 좋을 터이다.

이 노마드의 여왕, 영혼의 신대륙을 발견하려는 콜럼버스가 되려는 야망을 가진 작가는 스스로의 연배를 신중년이라고 소개한다. "옛날 같으면 노쇠의 시작이거나 다른 세상으로 옮겨 갈 수도 있었을 60에서 75세가 지금은 그야말로 물오른 황금기라 한다."라면서 소 작가는 그 이론적인 근거를 시카고 대학의 심리학 교수 뉴가튼Bernice Neugarten이

명명한 "노인Young Old, 또는 능동적 노년Active Silver"에서 찾으면서 이렇게 부연 설명한다.

> 뉴가튼의 정의를 다시 보면, YOYoung Old 세대는 55세 이상 75세 미만의 젊은 고령자인 신중년이고, 75세부터 85세까지는 OOOld Old 세대, 85세 이상은 Oldest라 한다. 자신의 숫자 나이에 0.7을 곱하면 현실 나이라니, 계산해 보면 내가 속한 세대는 보탤 필요도 줄일 필요도 없이 Young Old와 Old Old 사이에 있다.(「신중년이란다」)

소지연 작가의 신중년 이론은 최근 일본에서 유행하고 있는 수필계의 현상인 '아라한 책アラハン本, Around Hundred'을 연상케 한다. 백 세 가까운 연배들의 산문집이 무라카미 하루키의 산문집과 겨룰 정도가 되자 "작가로서 80대는 오히려 젊고, 70대는 지나치게 젊다."라는 말이 나올 경지에 이른 게 일본 출판계라고 하는데, 곧 한국도 그렇게 될 조짐이라고 나는 보고 있다.

왜냐하면 고전적인 문학예술이란 동시대의 모든 세대에게 공감을 불러일으킬 수 있어야 하는데, 21세기 이후에는 청년층이 좋아하는 작품을 60대 이상에서는 이해하기조차 어려워져 버렸기 때문이다. 특히 노마드 시대의 예술적 감각은 전 세대를 망라할 수 있는 공통성을 창조할 수 없을 정도로 세대차이가 격심해진 데다 신중년 세대들의 사회적인 비중이 급상승되면서 그들 나름의 공감대를 형성할 수 있는 세계가 확고해져 버렸기 때문이다.

일본 수필계에서 아라한 붐을 일으킨 계기가 되었던 건 와타나베 가즈코 수녀의 에세이집 『당신이 선 자리에서 꽃을 피우세요置かれた場所でさきなさい』(한국어판은 홍성민 역)였다. 노마드 시대의 행복론의 황금률인 카르페 디엠의 또 다른 표현인 이 말의 출처는 시카고 근교 다문화 교회 의 토마스 A. 클라크 목사의 설교집에서 따온 "주님이 심은 자리에서 꽃을 피우세요Bloom where God has planted you"라는 구절이라고 전한다. 따지고 보면 노마드 시대의 행복 비결로는 제격인데, 소지연 작가 역시 이 범주에 속한다고 하겠다.

이 작가는 서울이나 샌프란시스코와 뉴욕이란 자신의 왕국 말고도 어디든 지구촌 먼 곳으로 여행을 떠나도 바로 거기서 꽃을 만개시킬 줄 알기 때문이다. 「와플 굽는 아침」은 "직장 초년생이던 남매와 함께 북미를 여행했을 때", 어느 식당에서 "반만 익은 물컹한 와플" 앞에 작가 부부와 남매가 함께 앉아 "그간의 문화 차이마저 농지거리 되어 날아가는 듯 홀가분"하게 날려 버리고는 "들꽃 같기만 한 만남"에 도취한 추억을 배경 삼고 있다. 오랜 세월 뒤 작가는 남대문 시장엘 갔다가 칠이 한두 군데 벗겨진 중고품인 듯한 동글납작한 누름 판 하나가 와플 굽는 틀임을 알아채고서는 산다. 어느 날 아침 작가는 "서양 음식을 즐기지 않아 감흥을 보이지 않는 그인데도"와플을 바싹 굽는다.

"옛날 여행지에서 먹었던 것보다 더 바삭한데? 희한한 일이로군!"이라며 부군이 말하자 "멋쩍게도 그 또한 예전 일을 기억하고 있었던 거다. 나 역시도 멋쩍기는 마찬가지였다."라며 함께 여행했던 미국의 애들을 동시에 떠올렸고 느닷없이 "애들은 다 잘 있으려나, 전화 좀 넣어 보면 어때"라는 주문에 "통화할 빌미가 생긴 것이 신기"해진다.

바로 이런 것, 사소한 것 속에서 꽃을 피울 줄 아는 지혜가 곧 이 신중년 여왕의 산문세계다. 그래서 일본의 정신과의사 다카하시 사치에의 산문집 『100세 정신과의사가 발견한 마음의 안배100歳の精神科医が見つけた こころの匙加減』가 밝혀주는 행복 찾기의 비결인 "다른 사람을 너무 신경 쓰면 결국 손해"라는 경구가 마치 이 산문집 『이른 아침 새들의 무리를 보았다』를 두고 한 말처럼 들린다.

2. 노 젓다 보면 진주조개 하나쯤 눈에 띌지

소 작가는 가장 열심인 행복 찾기를 재치 있게 '비행 청소녀'라는 별칭으로 부른다. '비행기를 타고 청소하러 다니는 여자'의 줄임말로 "걸핏하면 해외로 자식들을 보러 다니며 일복을 듬뿍 만나는 나와 같은 여성을 풍자하는 말"이라고 친절하게 풀이해 준다. 이를 자신의 행복의 한 기둥으로 치부하면서 다른 하나를 '글쓰기 만학도'라고 추가한다. 이 두 행복의 성실한 실천을 위하여 자신의 거처인 서울과 아들의 보금자리인 샌프란시스코, 그리고 딸이 뿌리 내린 뉴욕을 오가는 신중년 생활이 "뒤늦게 돛을 올린 여정이어선지, 한곳에 너무 오래 나래 접 느라 다른 쪽으로 나아가지 못하기도 한다."면서 이렇게 이어간다.

저쪽으로 가야 하는데, 기다리는 일이 있는데, 하면서도 노 젓다 깊은 바다에 빠진 사공처럼 막막해지곤 한다. 그럴 땐 문 득 전에 귀담아 들은 적 있는 어느 스님의 법문 하나를 기억해 낸다.
"기왕에 빠졌으니 진주조개라도 찾아봐."
처음 들었을 땐 황당하기 그지없는 말이었을 테다. 허우적거 리기도 바쁠 시각에 어디 숨어 있는지도 모를 희귀한 것을 찾으 라는 조언은 현실성이 없어 보인다고 할까. (…) 그런데도 나는 가장 심한 좌초를 당한 중생이 나이기나 하듯, 깊숙이 넣어두 었던 그 잠언을 다시 꺼내 음미한다. 절박한 상황에도 한숨 돌 리고 찾아야 할 진주조개는 어떤 모습일지, 그런 것을 과연 찾 기라도 할지. 다만 신기루 같은 그 보석이 끝나지 않은 내 여정 의 바다에 불쑥 그 모습을 드러냈으면 하면서.(「진주조개를 찾 아서」)

그 진주야말로 소지연 작가가 이미 지배하고 있는 영혼의 신대륙, 탐구할수록 새롭게 나타나는 미지의 세계에 다름 아닐 것이다. 이를 탐험하느라 불굴의 노인 차라투스트라처럼 이 작가 앞에 "마침내 크나큰 진주조개"가 나타날지 누가 알겠는가. 아니다. 이미 소 작가는 태평양을 넘나들며 엄청난 진주조개를 봤을 뿐만 아니라 그걸 주워서 아름다운 긴 목걸이로 제작해서 언제나 목에 걸고 다니고 있음을 이 산문집은 보여주고 있다.

그것은 곧 신중년의 사랑법이다. 오욕칠정으로 점철된 삶이란 빈부나 신앙과 학식과 교양과 성격의 모든 차이를 뛰어넘어 그 정도의 변별성은 있지만 누구도 회피할 수 없는 인생살이의 축도다. 다양한 삶의 스펙트럼을 몇 고비 넘기고 나면 어느새 신중년이 되기 마련인데, 이 무렵이면 거의 예외 없이 가족애(주로 자식 사랑)와 자신의 못다 푼 젊은 날의 꿈(주요 문학예술이나 각종 취미 생활)이란 두 가지로 집약된다.

이런 사랑법의 표현이 세대나 성격 혹은 여러 조건에 따라 천차만별인데, 이를 다룬 글이 「때로는 '말없음표'가 좋다」로, 가히 대표작의 하나로 꼽을 만하다. 작가는 총선이 끝난 뒤 낙선한 후보가 저간의 감사의 표시로 내건 "사랑합니다, 주민 여러분! 여러분의 선택을 존중합니다."라는 플래카드로부터 화두를 끌어간다. 정치인들의 언어란 공허하기 마련인데, 더구나 "사랑합니다!"란 말에 작가는 "공허한 기분이

드는 걸 피할 수 없었다."라고 털어놓는다.

  이 황홀한 단어 앞에서 소 작가는 "묵은해를 보내고 새해를 밝힐 때마다 훈훈한 자리를 내주던 마닐라의 해외 공관"에서 겪었던 기억을 소환한다. 덴마크인과 결혼한 동남아의 아내가 출근이나 퇴근 때면 빠트리지 않고 나눴던 '사랑한다'란 인사말을 그 연회장에서 만났을 때 하지 않았다며 "창백해진 얼굴의 그녀는 안절부절못하는가 싶더니, 초대 신사들 속에 섞여 있는 남편에게 종종걸음으로 다가가 자기편에서 얼른 사랑한다! 말해버린다."

    그때였다. 건너편에서 지켜보던 인도 여인의 눈꼬리가 올라가는가 싶더니 두런두런 경고가 울리는 것 아닌가.
    "그걸 꼭 말로 하나요? 그냥 아는 것 아닌가요?"
    그러자 옆에 있던 짧은 드레스의 서양 여인들이 '말도 안 돼!'라는 얼굴로 반격을 시작했다.
    "사랑은 아무리 말해도 과하지 않아요. 그건 내보일수록 발전하는 거니까요."
    순식간에 테이블 전체가 열을 띠었다. 그날만큼은 동양인인 나도 양쪽 주장이 똑같이 그럴싸하여 귀가 나팔만 해졌다.(「때로는 '말없음표'가 좋다」)

그런 토론이 이어지는 가운데서 작가는 "사랑이 과연 프런티어 frontier 정신으로 발굴해야 할 신대륙인지도 알 수 없었다. 서양 여인들이 애호한 적극적 표현이란 인도 여인을 포함, 침묵 속에서 감을 잡던 우리에겐 낯 뜨거운 것이기만 했다."라면서 되레 아버지가 베풀었던 말 없는 사랑의 명장면을 호출해 낸다. 결혼 초년생 시절 서울의 신혼집에서 시댁이 있는 대전 근교에 강의를 나갔던 늦여름 오후였다. 강의를 끝냈을 땐 장대비가 퍼부었는데 우산도 받지 않은 아버지였다. 마침 대전 출장엘 왔던 터라는데, 자신이 젖는 건 아랑곳 않고 딸 걱정에 찾아온 것이었다.

아버지는 "비 오는 데 이 무슨 짓고!" 하곤 고개를 돌리더니 어눌하게 내 한쪽 팔을 잡았다. 서울행 터미널로 향하는 자동차 안에선 할 듯 말 듯 아무 말씀도 안 하셨다. 전송 나온 시어머니께 인사를 마치는 출가외인을 먼발치에서 바라보던 아버지께 나는 눈길조차 못 드린 채 버스에 올랐다. 못 박힌 듯 움직이지 않던 아버지의 모습이 점점 멀어져 더는 보이지 않았을 때야, 나는 눈물을 닦아냈다. 짧은 시간이었지만 그때 만난 아버지의 묵묵한 지킴이는 지금까지도 가슴 한편에 소리 없이 흐르는 강물 같은 사랑이다. 돌이켜보니 그때도 이후에도 나 또한 "사랑합니다!"라는 말을 해드린 적이 없다.(「때로는 '말없음표'가 좋다」)

그런데도 언젠가부터 신중년의 작가는 아들딸들에게 건네는 이메일이 'love, 엄마'라는 말로 장식되자 "서양 여인들이 즐겨 쓰던 수사법을 넘어, 우리 구세대에게까지 필요 불가결한 양식樣式이 된 것 같다."고 하면서도 이렇게 결론 내린다.

> 달콤하고 아늑한 그 말은 입 밖으로 나오기가 무섭게 의미가 달아나 버려, 심심하기 짝이 없는 것이다. '사랑합니다'라는 말이 쉬워질 때마다, 그때 그 인도 여인의 자족하던 눈빛과 (…) 아버지와의 그날이 고개를 들기 때문이다. 내겐 아마도 그들의 '말없음표'가 좀 더 친숙한 사랑 방식인지 모르겠다. (…) 사랑 없인 그 어떤 것도 기지개를 켜지 못하지만, 정성스럽게 이루어진 건 모두가 말 없는 사랑에서 나온 것이므로.(「때로는 '말없음표'가 좋다」)

이 작품에 뒤이어 읽어보기를 권하고 싶은 게 「떠나며 하는 말」이다. "이별을 주제로 한 노래 중에 「떠날 때는 말없이」란 곡이 있다."라는 글 역시 말없음이 가장 심오한 속내를 담는다는 뜻이 아닐까.

소 작가가 태평양을 넘나들며 얻은 진주보석 중 또 다른 한 작품은 자신의 인생관을 드러낸 「한 박자 빠르거나 느리거나」일 것이다. "한 박자를 쉰다고 해서 세상이 멈추는 일도 없으련만, 이 간단한 진리를 그리 어렵사리 기억하는지 모르겠다."라는, 흔히들 처세술에서 우연히 얻게 되는 절호의 기회인 찬스chance와 자신이 능동적으로 창출해내는 오퍼츄니티opportunity를 연상케 하는 흥미 있는 글이다.

3. 입맞춤으로 사람을 만들 듯 문학은 뜨거운 법칙이다

글쓰기, 좀 근사하게 말하면 문학이란 뭔가 라고 물으면 괜히 사람들은 유식한 답변을 꾸미려고 안간힘을 쓰기 마련이다. 그러기보다는 차라리 진솔하게 접근하는 게 더 감동적일 수도 있다. 예를 들면 법정 스님이 "석가모니와 같은 환경이었다면 적어도 우리 같은 사람은 출가를 하지 않았을 거."라는 현답 같은 거다. 하기사 세상의 모든 왕자들이 다 출가해 버리면 대체 나랏일은 누가 하겠나. 그러나 곰곰이 따지고 들면 나라를 지상의 천국으로 만들기가 석가의 득도보다 훨씬 더 어렵다고 빈정거릴 수도 있겠다.

그러나 다 제쳐두고 다시 법정에게 귀를 기울이면 "나답게 살기 위해서, 내 식대로 살기 위해서 집을 떠났노라고. 세상이 무상해서라거나 불교의 진리에 매혹되어서라거나 혹은 중생을 구제하기 위해서라고는 말할 수 없다. 덧없는 게 어디 세상뿐인가. 출세간의 일도 덧없기야 마찬가지지. 그리고 불교의 진리가 무엇인지조차 출가 전의 나는 알지 못했었다. 중생구제 운운은 현재 한국 불교도의 처지로서는 당치 않은 표현이다."(「출가」)라는 자세다.

어디 출가만 그러겠는가. 글쓰기란 저마다 자기 나름으로 살아가려는 가장 정직한 행위임을 폴 엘류아르는 이렇게 노래했다.

> 그것은 사람들의 뜨거운 법칙chaude loi이다/포도 열매로 술을 빚고/석탄으로 불을 만들고/입맞춤으로 사람들을 만든다//그것은 사람들의 단단한 법칙이다/전쟁과 비참에도 불구하고/죽음의 위험에도 불구하고/다치지 않고 스스로를 지킨다//그것은 사람들의 상냥한 법칙이다/물을 빛으로/꿈을 현실로/적을 형제로 바꿔 만든다//오래이면서도 새로운 법칙이다/아이들 마음 깊숙한 데서 나와/지고의 이성의 높은 데까지/완성되면서 이룩해 가는 것이다.(폴 엘류아르, 「착한 정의Bonne Justice」 전문)

소지연 작가는 자신의 글쓰기를 보통사람들이 자신의 직업을 밝히듯이 스스럼없이 떳떳하게 표명하는 작가다. 상당수의 문학인들이 자기 직업을 거리낌 없이 말하기를 주저하는 것과 달리 이 작가는 "햇살이 무늬를 놓은 프랑스풍 카페로 들어서자, 마네 그림에서 튀어나온 듯한 올림머리의 여직원이 구면이듯 물어 온다. "무엇 하는 분이세요?"라는 질문에 이 작가는 불쑥 "글 쓰는 사람입니다!"라고 해놓고는 아뿔싸, 라며, "참으로 나는 얼굴 두꺼운 사람이 되어 있었다."라지만, 바로 "정말 최선을 다해 써왔을까? 또는 내가 기울인 그 최선이 정말 최고의 선이었을까?"란 회의를 품는다.

작가의 뇌리는 계속 작동하여 조지 오웰의 산문「내가 글을 쓰는 이유」네 가지를 거쳐 니체의『이 사람을 보라』중「읽기와 쓰기에 대해서」의 한 대목인 "모든 글 중에서 나는 오직 피로 쓴 것만 사랑한다."에 머문다. 이어 작가는 "어느 원로 작가의 글머리에서 일별한 '자신을 완전히 드러내지 못하면 결국은 한계에 도달하고 만다.'라는 지적에 다다른다. 그야말로 헐벗은 자아를 거리낌 없이 마주하는 단계를 말하는 것이리라."라고 자신을 채찍질한다.

그 의식의 채찍질 후에 내린 결론은 그래도 글을 써야겠다는 각오로 아래와 같이 맺어진다.

> 결론이 났다. 겁이 아무리 많은 나일지라도 간간이, 아주 간신히 피 한 방울 흘릴 각오는 해야겠다. 그러기 위해 창작의 문턱을 밟은 것이 아닌가 되새기면서.
>
> 황송하게도 카페 직원에게 다시 고백해야겠다. '나는 간간이, 간신히 글을 쓰는 사람입니다'라고.(「나는 간간이, 아주 간신히 쓰는 사람이다」)

얼마나 자주 쓰느냐는 게 뭐 그리 중하랴! 세상의 모든 평가의 황금률은 양보다 질이거늘. 그걸 모를 리 없는 작가인지라 「영원한 연습」에서 자신이 얼마나 글쓰기에 열심인지를 부군의 기타 연주와 병행시켜 이렇게 서술해 준다. "소리가 둥둥 마루를 타고 흘러든다. 남편의 연습 시간이 돌아왔다. 오늘은 금속의 예리함이 모니터에 꿰어 넣을 내 글귀보다 투명하다. 음색과 리듬 또한 예전보다 섬세하고 유연해졌다. 나는 문득 어떤 이중주를 생각한다. 그는 기타 연습, 나는 글쓰기 연습."

자신에게 다가선 글쓰기를 "바다처럼 무심하게 흐르는 일상에서 수필이라는 호숫가로 발"을 디딘 것에 비유하는 이 작가는 모래처럼 새 나갈지 모를 삶의 순간들을 "사유의 그물망에 건져보기 위해서"라면 "밥 짓다 말고 출가"도 감행한다. 그래서 다다른 "창작의 호수가 제아무리 거치다 한들, 저만치서 파란 하늘이 고개를 내밀면 잔잔히 흐르고 말리라."라고 글을 향한 뜨거운 열기를 발산한다. 작가는 자신의 문학수련장을 이렇게 묘사한다.

> 발을 디딘 글쓰기 방엔 백지가 무색할 만큼 묘사의 춤판이 벌어지고 있었다. 비슷한 이유로 함께한 사람들이지만 춤사위가 달랐고 모두가 각별했다. 그 속에서 나도 어떤 장단의 춤을 췄다. 뒤뚱거리는 내 몸짓이 아낙네의 범주를 뛰어넘지 못했을 때도, 절실하긴 매한가지였다.

"처음엔 쉬운 날갯짓으로 출발해봐! 그리고 점점 자기만의 진중한 스텝을 밟아봐!"

은밀한 사명감이 귓속말해 오자 나도 모르게 힘을 실었다. 까다롭고도 세련된 춤판이었다.

우리 중 누군가가 차이콥스키의 백조를 닮아가고 있을 즈음이었다. 내 걸음은 라운드를 더할수록 둔탁해지더니 슬슬 춤사위가 풀려갔다. 아무래도 완전히 출가하지 못한 듯했다. 일상의 유혹은 파계 직전의 신부에게처럼 끈질겼고 지천으로 기다리는 삶은 오만가지 날개를 펼쳐 보였다. 마침내 더듬더듬 돌아와야 했다. 이번에는 엄마를 넘어 할머니의 자리로.(「갈매기 출가하다」)

바로 이 신중년의 작가인 여왕이 손녀들과 문학적 미학의 두 호수를 왕래하는 모습이 아름답게 점묘되는 순간이다.

소지연 작가의 미학적인 장기는 섬세하고 치밀한 주지주의적인 묘사일 것이다. 이 묘사력이 돋보이는 작품이 「갈매기 출가하다」「이른 아침 새들의 무리를 보았다」「다만 잊었을 뿐이다」 등등인데, 공교롭게도 다들 새, 특히 갈매기가 등장한다. 날아다니기, 그것도 망망대해에서 용자처럼 유유히 나는 군집을 이룬 형태이면서도 다른 한편으로는 연약함과 외로움과 방황을 상징하는 이 다양한 이미지를 가진 새. 어쩌면 소 작가 자신의 참모습이기도 하다. 이 세 작품에서 발휘하는 투명한 묘사력은 가히 손색이 없다고 하겠다. 감성과 지성이 적절히 배합된, 생물학자와 철학자에 화가의 시선을 삼위일체시킨 관찰력은 이 작가가 지닌 지성과 냉혹성과 감성적인 미의식이 조화를 이룬 경지라고나 할까. 작가는 갈매기의 울음소리나 방황의 모습 혹은 배고픔에서 먹이를 구하는 존재론에는 시선을 줄 여지가 없다. 그 아름다움의 공연을 클로즈업시키는 관찰법이 곧 소지연 작가의 미학적 열쇠다.

"새벽이 물러나던 호수에 한참이나 눈을 준 무리", "회색 망토를 두른 하얀 몸체에 화룡점정 새까만 꼬투리, 치자 빛 부리의 삼위일체는 혼이라도 떨어내듯 소리"를 뿜어대는 갈매기 떼. "태평양 물줄기가 숨을 고른 샌프란시스코 남단의 수로 하나가 그들로 부산했다." "파도를 타고 올라가던 몇몇이 급선회를 하더니 거슬러 내려오기 시작했다. 안간힘을 써대는 발장구를 물살이 도와주고 있었다. 마침내 안착한 수로 한가운데는 생각을 같이한 동지들이 모여 있었다."

    부드럽게 목을 빼고 고개를 주억거리는 친구, 부리를 딱딱 마주치며 두리번거리는 새내기, 날개로 수면을 튕기다 기지개를 켜는 노장까지. 그러다간 동작을 멈추고 죽은 듯 고요했다. 짧고도 짙은 명상이 끝나자 그들 중 두엇이 나서 춤을 추기 시작했다. 둘이서 '파 드 되pas de deux(여성과 남성, 두 사람이 추는 춤)'를 선보이자 연이어 다른 넷이 '파 드 카트르pas de quatre(4안무)'를, 그러곤 여럿이서 '코르 드 발레corps de ballet(군무)'까지 펼치는 맵시란! 물살에 장단 맞춰 갈매기들이 만든 백조의 호수가 탄생하고 있었다. 잠시 전 거친 하늘의 일상에서 출가한 1군이 펼친 무대는 먼저 온 누군가가 애써 마련한 최적의 장소였다. 때로는 유연하게 때로는 뒷걸음질 치며 봄날의 옥빛 호수는 그들 몸짓으로 익어갔다.(「갈매기 출가하다」)

갈매기의 군무를 보는 것보다 더 아름다운, 「백조의 호수」를 보듯이 독자를 이끌어가는 이런 장관은 아래처럼 변신되어 등장하기도 한다.

대각선 방향으로 길게 뻗은 공원 수로에 무리를 지어 멱을 감고 있는 팔선녀, 십이 선녀, 아니 서른도 넘는 갈매기들의 귀환이다. 지난여름 산책길에 무시로 나를 반겨주던 그 무리가 틀림없다. 늦깎이 할머니가 손주 놀이에 허덕일 때 쉬엄쉬엄 쉬어가라며 눈짓하던 바닷새들이다.(「다만 잊었을 뿐이다」)

이렇게 갈매기의 천의무봉한 미학적 군무를 찬양하는 소지연 작가의 속내에는 필시 자신의 글쓰기가 그 군무처럼 모든 독자들에게 비춰지기를 바라는 열망의 투사작용일 수도 있겠다는 생각이 든다. 사실 모든 사람들은 자신이 하는 일(직업)에서 특별한 샛별이 되고 싶은 것이 세상의 순리가 아닐까.

그런 경지의 예술가라면 이제 하산할 때가 된 건데, 소 작가는 그게 연령과 상관없이 18세의 한 피아노 연주회에서 대리 발산한다. 2022년 6월 18일, 텍사스의 포트워스에서 열린 제16회 '반 클라이번 피아노 콩쿠르' 피날레에서 나흘간의 경연 끝에 5명의 결승진출자를 물리치고 우승한 18세의 임윤찬 군의 연주를 스케치 풍으로 묘사한 「사람은 어느 때 특별히 빛나는지」는 특별히 빛나고픈 선망을 진솔하게 투영시켜 준다.

작가에게 더욱 경이로운 건 "관객에게 진심이 닿았다면 그것으로 만족해요."라는 담담한 수상소감이라고 작가는 쓰면서 자신의 창작에 대한 열망을 이렇게 유추해 낸다.

늘그막에 수필의 길에 들어선 나 또한 그런 특별함을 타고 나지 못했기에, 지난 글들을 전리품처럼 모셔만 놓았는지 모르겠다. 임윤찬 군이 지닌 음악에 대한 경외심을 십분의 일만이라도 갖추었던들 재정비의 기쁨을 누리지 않았을까. 깊숙한 생의 후반기에 접어든 이즈음, 그래서 나는 정리하듯 지난 것들을 돌아본다. 내 안에 불쑥불쑥 인생이란 전쟁터에서 손을 놓친 미아 같은 안타까움이 동행하기도 하여, 그걸 찾아 개량할 힘이 솟아날 때면 하루가 특별하게 느껴지기도 한다.(「사람은 어느 때 특별히 빛나는지」)

4. 맺는 말

　이런 미학적 열망은 반드시 글로만 이뤄지는 것이 아니라 가족들과의 어우러진 삶 속에서도 실천된다는 것을 풍성하게 그려내는 것 또한 이 작가의 장기에 속한다. 아마 이 산문집의 압도적인 다수는 작가의 가족담일 것이다.
　「이른 아침 새들의 무리를 보았다」「그가 떠나던 날」「오늘 저녁은 어떠세요?」「입동이 지났는데도」「그날은 두유빛이었네」「장화와 산바라지」「당신은 자유롭습니까」「그대 저만큼 있네」「행복하고 싶은 달」등등 말고도 더 많은 작품들이 작가의 성장기부터 결혼, 자녀, 손자 손녀들에 이르기까지 때로는 미세하게, 혹은 듬성듬성하게 그려주고 있다. 이 중「오늘 저녁은 어떠세요?」「장화와 산바라지」「당신은 자유롭습니까」 등은 일상적인 삶 그 자체가 가장 철학적인 사색의 진주알임을 느끼게 해준다.

　소지연 작가의 최고 절정의 정수된 솜씨가 가장 돋보이는 작품들은 내공이 쌓인 교양미가 물씬 풍기는 글들인데, 이런 작품들은 오히려 사회의 한 단면이나 풍속도를 객관적으로 바라볼 때나, 문학예술 작품을 감상하는 작품들, 그리고 기행문들 속에서 흠씬 느낄 수 있다.

샌프란시스코에서의 체험을 스케치하며 자신의 견해를 조심스럽게 개진한 '개'에 대한 글인 「셰퍼드와 미개인」, 필리핀에서의 연말연초 풍경을 수채화풍으로 조명한 「내가 본 크리스마스트리」, 커피문화를 세계사적으로 조망한 「커피차, 아메리카노를 보내다」 등이 이 작가가 본 사회적 단면을 다룬 글들이다.

이 계열의 글 중 유독 돋보이는 게 「상처, 그 프로젝트를 만나다」이다. 생소하기만 한 '생명의 전화' 상담원을 자원해서 겪었던 실록형 에세이다. 6개월간의 강의와 사례를 섭렵한 후 작가와 동료들이 상담지침을 확인하는 세미나를 열어가며 긴급 통화로 실전을 한 사연들이 실감을 느끼게 만든다. 전화가 걸려오자 상담자는 "안녕하십니까, 여기는 위기 라인Crisis Line입니다. 이름이 무엇입니까?"라고 사무적으로 운을 뗐지만 침묵 끝에 나지막하고 쉰 목소리는 이름을 말하고는 "담배가 태우고 싶어 죽겠어요. 공중 전화통에 계속해서 동전을 넣고 있어요. 목이 탑니다. 무슨 말부터 해야 할지….'라는 호소에 할 말을 못 찾는다.

인생살이란 이런 게 아닐까. 해답이 없는 문제점 앞에서 방황하는 것! 그럴 땐 갈매기처럼 춤을 추거나 글을 쓰는 게 제일 좋다.

소지연 작가의 장기가 가장 짙게 스며든 진국은 문학예술 감상노트다. 코리아 오페라단이 국립극장에서 공연한 「라 트라비아타」 공연 관람기인 「그런대로 괜찮은 선택」, 도스토옙스키의 『가난한 사람들』의 독후감 격인 「친애하는 마카르 제부시킨 님께」는 은근히 소 작가 자신의 문학관을 슬쩍 투영시켜 보여준다. 여친인 바르바라가 시골 지주와 결혼, 남친 마카르에게 마지막 편지를 보내는 형식을 취한 이 글에서 작가는 마지막 당부라면서 제발 삼류소설은 그만 읽고 격조 높은 작품들, 그녀 자신이 보내준 "푸시킨의 『벨킨 이야기』나 고골의 『외투』 같은 작품을 통해, 한층 더 다양한 인생사를 이해"할 수 있길 빈다고 썼다. 그런 품격 있는 문학이야말로 "다시없는 희망"을 찾을 수 있을 것이라는 지적은 곧 소지연 작가의 문학관이기도 하다.

이런 고품격의 예술 감상은 「로스코의 색면회화」에도 그대로 드러난다.

예술작품을 감상하듯이 찬찬히 누비질을 하는 이 작가의 또 다른 관찰력은 그리스 기행문인 「아테나 여신 아우라」와 「샌프란시스코! 그곳을 걸었네, 거기서 보았네」에서 그 절정을 이룬다. 특히 작가가 매년 거의 절반을 보낸 아들의 주거지인 샌프란시스코를 다룬 글은 가히 현지인들도 범접하기 어려운 지역까지 독자들을 눈뜨게 해주는 해박한 교양과 감식력이 돋보이는 명品기행문이다.

"시티 라이트 책방City Lights Books이라 불리는 미 최초의 독립 서점이자 출판사"가 "1959년 비트 세대 문인들의 공간이었을 뿐만 아니라 시몬 드 보부아르와 버지니아 울프 같은 여류 작가들의 작품을 맨 처음 선보인 곳"이라든가, "비트Beat란 이름을 주조한 잭 케루악과 더불어 신개념의 서사시로 돌풍을 일으킨 천재 시인, 앨런 긴즈버그의 시집이 바로 이곳에서 출판"된 곳이란 자상한 문학사의 뒷면을 보여주는 작가의 면밀함은 각광받을 만하다.

그런가 하면 "매주 28명의 페인트공이 1,000갤런의 페인트를 덧칠하는 골든게이트 브리지 또한 안개 속에서 더 밝은 빛을 낸다. 이미 도시 풍경의 하나가 되어버린 음유시인과 술고래 고함과 마약투성이 얼굴도 어쩌면 새로운 창조를 위한 또 하나의 비트문화로 나아갈지 알 수 없는 일이다."라는 도시 전체의 개요는 이 작가의 갈매기식 조감도의 안목을 느끼게 해준다.

이 첫 작품집을 계기로 "가끔 글을 쓰는 작가"의 탈을 벗고 더 열심히 창작하는 작가로 발돋음 하기를 빈다.

추천의 말

세기의 노마드

송하춘 소설가

　가장 철저하게 자신의 생을 살아온, 어느 완벽주의자가 실토하는 완벽한 삶이란 어떤 것일까?
　결혼해서 시부모님께, 남편에게, 자녀들에게, 한 지성인으로서의 완벽한 삶을 추구하다 보니, 그만 나도 모르는 새 어느덧 인터내셔널 노마드가 되었더라는 이야기다.
　필리핀의 마닐라. 미국의 샌프란시스코와 뉴욕. 그리고 대한민국의 서울. 작가는 그 다각형 꼭지점들을 아주 오랜 동안 날아다녔고, 비유하자면 그는 거리의 노숙자였다.
　누가 보아도 부러운 생이었지만, 이것이 과연 성공한 생일까를 묻는 회의와 자책은 그래서 한 편의 아름다운 문학이기 이전에 철학에 가깝다.

그는 추구한다, 고로 존재한다. 가다가 문득문득 발걸음을 멈추고, 내 노숙은 지금 정당한가, 행복을 묻는 일에 인색함이 없다.

살아가는 내내 무언가를 놓치는 일이 많았다고, 그는 자신의 삶을 자책하기도 한다.

작가는 그것이 운명이라고 하지만, 운명은 늘 그렇게 자신의 생애와 동행하였고, 그 때마다 그는 매 순간 잘도 순응했다고 스스로를 다독일 줄도 안다.

처음부터 소설교실의 문을 두드렸더라면 더 좋았을 걸, 어쩌다가 수필교실이었을까, 읽으면서 그런 생각도 들었다. 이런 이야기라면 수필만이 아니라 소설이라는 좀 더 웅숭깊은 질그릇도 잘 어울리기 때문이다.

어쨌든 좋다. 편편이 소설적인 상황, 소설적인 캐릭터로 가득 차 있었다. 여기에 글이 정서적인 바탕에만 의거하지 않고, 캐묻는 이지로 일관한 것도 이 글의 특징이다.

가질 것 다 가진 충만한 생애가 실토하는 그 어떤 결핍. 언제 다시 이런 중량감 있는 글을 또 만날 수 있을까. 쓰는 사람이나 읽는 사람이나 함께 가져보는 긴장된 순간이다.

추천의 말

낯설고 아름다운 연민

손홍규 소설가

　살다 보면 삶이 지겨워지는 때가 있듯 글을 쓰다 보면 글쓰기가 지겨워지는 순간이 있다. 글을 쓰는 사람이라면 누구나 겪게 되는 일일 텐데, 그 순간 머릿속에 떠오르는 질문 가운데 하나는 이런 게 아닐는지. 대체 다른 작가는 이걸 어떻게 견디고 극복한단 말인가. 내가 이 글을 만나게 된 건 바로 글쓰기가 하염없이 지겨워서 다른 작가가 궁금해지던 때였다. 그러니까 나는 이렇게 운을 떼고 싶다. 사는 게 지겹거나 글 쓰는 게 지겹거나 당신이 무슨 일을 하든 누구를 사랑하든 모든 게 지긋지긋해서 그만두고 싶고 포기하고 싶은 날, 그런 날에 작가가 담담한 목소리로 들려주는 흔하고 예사로운 이야기에 귀를 기울이다 보면 문득 알게 될 거라고. 세상이, 지금까지 알던 세상이 조금은 다르게, 더 나은 쪽으로 한 걸음 옮겨 갔음을 느끼게 될 거라고.

그렇게 될 수 있는 까닭은 "엄마 같은 엄마"에서 "할머니 같은 할머니"로 변모해 가는 십여 년의 세월 동안 공들여 쓴 이 글들에 작가 자신만의 방식으로 세상에 대한 '연민'을 새겨두었기 때문이라고 해도 좋을 듯하다. 나는 오랫동안 연민이라는 감정을 허약한 감정이라 여겨왔다. 타인에 대한 연민은 말할 것도 없거니와 자기 연민 역시 우리가 피해야 할 순진한 감정이라고 믿어왔다. 누군가를 불쌍하고 가련하게 여길 줄 아는 게 대수로운 일은 아닐 테니까. 그러나 작가의 이야기를 듣고 나면 연민이 대단한 감정임을, 많은 일을 해낼 수 있는 귀한 감정임을 알게 된다. 연민이란 감정이 이토록 사랑스러울 수 있다니. 상처받은 마음을 수선하는 일에 이토록 노련하다니. 돌아보면 내게는 그런 종류의 연민이 없었다. 지극히 당연하고 자연스러운 감정 가운데 하나라고 여겼을 뿐, 그걸 잃어버렸는데도 잃어버렸다는 사실조차 알아채지 못한 채 살아왔다.

  노숙자가 불편했던 작가는 어느 날 그이가 사라지고 난 뒤 집 근처를 산책하다가 자신의 집이야말로 "난데없는 침입자"임을 느낀다. 작가의 마음속에는 집 없는 이들에 대한 연민과 자신에 대한 연민이 동시에 생겨난다. 작가에게 연민은 지금까지와는 다른 눈으로 세상을 바라볼 때 비로소 알게 되는 감정이다. 어떤 감정은 깨달아야만 한다. 가슴속에서 손쉽게 불러오는 감정이 아니라 최선을 다해 이해하려 애쓴 뒤에 얻게 되는 어렵고 힘든 감정이니까. 뭐 하는 사람이냐는 누군가의 무심한 질문에 무심코 "글 쓰는 사람"이라 답한 작가는 과연 글 쓰는 사람이란 어떤 사람인지를 되묻고 "나는 간간이, 아주 간신히 쓰는 사람"이라고 조심스럽게 고쳐 말한다, 연민을 담아서. "글 쓰는 사람"이 지극히 당연하고 자연스러운 내면의 정체성이라면 "간간이" 그리고 "간신히" 쓰는 사람은 작가가 마침내 도달한 깨달음이다. 우리 모두 그렇지 않던가. 우리의 글쓰기는 간간이 그리고 간신히 이루어지기에 더 사무치지 않던가.

나는 이런 연민을 품게 되었다. 연민이 허약하게 보였던 까닭은 가장 깊은 곳 바로 저 아래 가장 낮은 곳에서 고귀한 감정과 생각들을 지탱하고 있었기 때문임을. 연민할 줄 아는 것이야말로 특별한 능력임을. 작가는 우리가 상실한 연민을 이처럼 홀로 껴안은 채 견뎌왔음을. "대문 밖으로 달려 나간 멍멍이가 길을 잃지 않고 돌아오길" 바라던 어린 소녀가 칠순에 이르도록 한결같이 그래왔듯. 모든 게 지긋지긋해서 그만두고 싶고 포기하고 싶은 이라면 누구라도 여기에서 위로를 얻게 되리라는, 낯설고 아름다운 연민을 말이다.

이른 아침
새들의 무리를 보았다

초판1쇄 발행 2024년 03월 18일

지은이 | 소지연
펴낸이 | 박서영
펴낸곳 | 한국산문

편집 | 정진희, 박윤정

등록 | 제2013-000054호
주소 | (우 03131) 서울특별시 종로구 율곡로6길 36, 207호, 208호
전화 | 02-707-3071   팩스 | 02-707-3072
이메일 | koreaessay@hanmail.net

ISBN 979-11-983084-7-4 (03810)
ⓒ 소지연, 2024

값 16,000원

* 이 책 내용의 전부 또는 일부를 재사용하시려면 저작권자와 한국산문의 동의를 받아야 합니다.